Guerra
Espiritual
DEAN SHERMAN
con Bill Payne

Guerra Espiritual

DEAN SHERMAN

con Bill Payne

EDITORIAL BETANIA

GUERRA ESPIRITUAL

9200 S. Dadeland Blvd., Suite 209, Miami, FL 33156, E.U.A.

Publicado originalmente en inglés con el título de
SPIRITUAL WARFARE

Publicado por Frontline Communications
P.O. Box 55787, Seattle, Washington 98155, E.U.A.

Versión castellana: Hugo Zelaya
Editor en Jefe: Raquel Boqué de Monsalve

ISBN 0-88113-096-6

Printed in U.S.A.

A mi padre, Byron Sherman, quien
siempre demostró equilibrio y perseverancia,
y a mi madre, Viola Sherman, quien me enseñó
a amar a Dios y a resistir al diablo.

Prefacio

Cuando acabé de leer este manuscrito, me arrodillé y di gracias a Dios. Mi alma se volvió a llenar de reverencia hacia mi Padre celestial. Su carácter es incomparable y su plan es perfecto. Dean Sherman nos ha obsequiado una enseñanza equilibrada y aguda, y a la vez entrelazada con buen humor y fácil de leer. La verdad explorada en este libro debiera sustentar fundamentos sobre los que se edifica la vida del creyente. No puedo esperar para leer este libro a mi familia y recomendarlo a mis amigos.

Considero a Dean entre mis amigos más íntimos y aunque no lo he oído enseñar la mayor parte de este material, me es conocido porque lo he visto a él vivirlo con integridad. La revelación en este libro no se ha logrado sin pagar un precio. Los dolores y las victorias de veintitrés años de obra misionera han sido destilados como preciosa fragancia en un frasco de perfume. Este es un libro muy necesario. Es uno de los pocos libros verdaderamente importantes que todos los creyentes deben leer periódicamente.

John Dawson
Septiembre de 1990

Indice

CAPITULO UNO

Una vida y una lucha a muerte

Estaba acostado sobre las desnudas tablas del piso de nuestra casa en Port Moresby, Papua Nueva Guinea. El año era 1970. Tenía siete días de ayunar y orar; tenía que recibir algunas respuestas. Habíamos estado ahí por tres meses, y aunque nuestro equipo de Juventud Con Una Misión testificaba y tenía reuniones en las plazas y mercados, estábamos logrando muy pocos resultados. También había notado algo más; algo que me molestaba realmente. Aunque las iglesias de la ciudad estaban llenas y miles afirmaban haber nacido de nuevo, todavía seguían atados por el pecado. Muchos de los supuestos cristianos continuaban practicando la hechicería. Y aunque predicábamos en contra, no había cambios, sólo dureza. Había algo muy malo. De manera que comencé a ayunar y a orar, pidiendo a Dios que me diera algunas respuestas.

Un día que oraba sobre ese duro piso, oí la voz de Dios en mi mente. Su respuesta fue inesperada; algo enteramente nuevo para mi pensamiento. No obstante, nunca lo he oído hablar con tanta claridad:

La alabanza es la llave para derribar las fuerzas de las tinieblas que han atado a esta ciudad desde el principio del tiempo. Estas fuerzas nunca han sido desafiadas.

Permanecí un tiempo aturdido. Nunca había pensado en fuerzas espirituales controlando un lugar; nadie, que yo conociera en 1970, hablaba de potestades de tinieblas sobre ciudades. Nunca había oído enseñanza sobre guerra espiritual, y sólo sabía de algunos individuos que se "especializaban" en ministerios de liberar a personas de demonios. Entonces me di cuenta de algo más mientras yacía ahí, meditando en lo que Dios había dicho.

La iglesia en Nueva Guinea estaba bien establecida. Había prosperado hasta cierto punto. Los misioneros habían pasado años edificando la iglesia de Jesucristo. Tenían la doctrina correcta y creían la Biblia. No obstante, Dios dijo que las fuerzas espirituales sobre Papua Nueva Guinea ***nunca habían sido desafiadas.*** ¡Eso significaba que la iglesia podía tener un éxito mensurable sin desafiar directamente los poderes de las tinieblas! Mis pensamientos vacilaron ante las posibilidades.

Pedí a Dios que me confirmara que había oído su voz y no a mi imaginación. Después de compartir con los otros líderes de nuestro equipo de JUCUM, Tom Hallas y Kalafi Moala, también ellos creyeron que había venido del Señor. No obstante, eso era tan nuevo que pedí a Dios mayor confirmación.

Pocos días después, un automóvil se detuvo en frente de nuestra casa y de él se bajó un sudoroso y larguirucho norteamericano.

—¡Bendito Dios, hermanos! He estado buscando a un grupo de creyentes . . . —exclamó sacudiéndonos las manos de arriba a abajo—. ¡Describí en el pueblo lo que estaba buscando y todo el mundo me señaló esta casa! ¡Alabado Dios!

Tragué saliva, echando una mirada de reojo a Tom y Kalafi. Así que la gente en el pueblo pensaba que este tumultuoso evangelista era de nuestra clase, ¿eh? Pero le dimos la bienvenida para que empezara una serie de reuniones en nuestra casa.

Predicó a los pocos que subieron la colina blandiendo una pandereta en el tiempo de los cantos. Cuando oraba, gritaba a todo pulmón, implorando a Dios que salvara a la gente, que los sanara y los llenara con el Espíritu Santo.

Sin embargo, a pesar de sus peculiaridades, algo nos dijo que estaba bien. Lo que sucedió en la reunión de la segunda noche fue el verdadero remate. El predicador se paró frente a nuestro grupito, con los ojos bien apretados y proclamó en su voz de profecía: "¡Sí, el Señor dice que la alabanza es la llave para penetrar las fuerzas de las tinieblas sobre esta ciudad!"

¡Fenomenal! pensé yo. ¡Lo mismo que me dijo Dios mientras ayunaba y oraba!

Pocas semanas después, un evangelista holandés pasó por ahí. El también trajo una palabra directa de Dios para nosotros: "¡La alabanza es la llave para derribar las fuerzas de las tinieblas!" Un tercero vino de Nueva Zelanda y un cuarto de Australia; todos dijeron lo mismo. Cuatro hombres de cuatro naciones vinieron en el espacio de semanas, cada uno usando la misma terminología con la que el Señor me había hablado mientras yacía en el piso ese día.

No requería ser un científico espacial para entender que Dios había hablado. Lo pusimos en práctica, volviéndonos en "alabadores" fanáticos. A veces adorábamos a Dios en nuestra casita de la misión toda la mañana. Marchábamos alrededor de la sala, cantábamos a voz en cuello, gritando alabanzas y caíamos de rodillas o con la cara al piso alabando a Dios. Y comenzó a causar una diferencia, porque finalmente veíamos progresos, con gente que se salvaba, liberada de ataduras y entrando en la plenitud del Espíritu.

Cuando salíamos a evangelizar, el cambio era claro. En vez de gente endurecida, sin arrepentimiento, escondida tras una fachada de cristiano, vimos a individuos pararse llorando públicamente, renunciando a la hechicería. El hililllo de conversos aumentó a un fluir regular y tuvimos hasta cinco mil que asistían a nuestras reuniones. Todas las semanas bautizábamos a nuevos creyentes en el océano; y esto continuó por tres años. Los lisiados se levantaban y caminaban, y algunos ciegos fueron sanados. En seis meses, vimos comenzar nueve comunidades de creyentes llenos del Espíritu en Port Moresby. Surcábamos sobre la cresta de una ola.

Sin embargo, pronto descubriríamos cuán real, mortalmente real, es la guerra espiritual. El ataque de Satanás fue repentino y atroz.

David Wallis, un neozelandés de poco más de veinte años, estaba en nuestro equipo. Cuando estábamos en la cumbre de este avivamiento espiritual, David llevó a otros jóvenes a una remota aldea a evangelizar. Encontraron una oposición feroz del brujo de la localidad. Cuando ellos se negaron a irse, el hechicero puso una maldición sobre ellos.

Después de seis semanas, el equipo regresó a Port Moresby. David no le dio importancia a la maldición, ni nosotros tampoco. Muchas veces los hechiceros nos habían maldecido y a nuestros esfuerzos, pero sin ningún efecto. No obstante, David informó que mientras estuvo en la aldea había sufrido de una fiebre intermitente. La fiebre lo había dejado ahora, pero él se encontraba débil. Cuando le sugerí que consultara a un médico, dijo que se sentía mejor y que sólo necesitaba descanso.

Sin embargo, después de dos días de quedarse en cama descansando, David se ponía más débil. Y la fiebre regresó. Entonces una mañana, como tres días después de su regreso de la aldea, entré en la habitación donde David se encontraba acostado. Estaba delirando, tenía una fiebre alta, y balbuceaba incoherencias. Inmediatamente lo llevamos de emergencia al hospital. Pero no estábamos preparados para las noticias devastadoras: Nos dijeron que David estaba en una etapa avanzada de malaria cerebral. Yo pregunté: "¿Cómo puede ser? Se supone que no hay malaria en esta parte de Nueva Guinea." Pero ellos estaban seguros; y el diagnóstico no pudo ser más terrible. El médico nos informó que se trataba de la forma más mortal de malaria. Había sólo una leve posibilidad de que David viviera y, aun si lograba sanarse, el daño en el cerebro lo dejaría permanentemente en un estado vegetativo.

Nuestro equipo regresó a casa y comenzó una desesperada vigilia de oración y ayuno. Fue una lucha dura mientras orábamos toda la noche; se sentía una gran opresión. Antes de esto podíamos orar durante horas, pero aquí estábamos en la mayor necesidad y a duras penas formábamos las palabras. A mí me parecía que las oraciones salían de mi boca sólo para caer en mi pecho. Era como si todos las fuerzas del infierno hubiesen concentrado su poderío contra nosotros, enfocando su furia en el cuerpo de David Wallis.

Por la mañana, sin embargo, creí que habíamos progresado. Salí de prisa para el hospital, sólo para encontrar la cama de David recién arreglada. El no estaba. Cuando encontré a la supervisora, ella me informó tajantemente que David estaba en cuidados intensivos. Tenía convulsiones. "Se va a morir", dijo ella, "y es culpa suya. ¡Usted y sus convicciones religiosas han costado la vida de este hombre! ¡Y aunque viva, quedará en estado vegetativo!"

Intenté explicarle que le habíamos aconsejado que viniera antes, que no éramos uno de esos grupos que no creían en los médicos, pero ella no quiso escuchar. El personal entero del hospital parecía convencido de que éramos religiosos excéntricos, y debíamos ser declarados responsables por la condición del joven.

Volví a casa aturdido. ¿Qué pasaría si David moría? ¿Nos acusarían legalmente? Y si no lo hacían, ¿arruinaría tanto nuestra reputación, en esta relativamente pequeña ciudad, que nuestro ministerio no podría continuar? ¿Y qué les pasaría a nuestros jóvenes convertidos; qué haría esto a su fe? ¿No les habíamos dicho que Dios obra milagros hoy, que teníamos autoridad sobre las fuerzas de las tinieblas por medio de Jesucristo?

El hospital llamó a la familia de David en Nueva Zelanda y el padre voló para estar a su lado. No dijo mucho en nuestro primer encuentro, pero sí nos recordó que él había advertido a David en contra de venir con nosotros. "¡Le dije que ustedes eran un montón de irresponsables!", dijo él.

Al final del segundo día, el personal médico me dijo nuevamente que no había esperanzas para David. Entré en su cuarto de enfermo y él yacía ahí inconsciente, enrollado en una posición fetal y tan amarillo como un cubo de mantequilla. Varios tubos estaban conectados a él y el silbido y zumbido de la máquina respiratoria mantenía su pecho moviéndose ligeramente. De otra manera estaba tan quieto como la muerte.

Reuniendo toda la fe que pude, desesperada pero silenciosamente clamé a Dios. Entonces, siguiendo un impulso, me arrodillé junto a su cama y hablé directamente al oído de David:

"¡Tú, poder demoníaco de la muerte! ¡Te reprendo en el nombre de Jesús y te ordeno que ceses tu dominio sobre el cuerpo de este hombre!"

El momento en que dije eso, hubo un fuerte gorgoteo en su garganta. Y eso fue todo. Volví a casa y nuevamente pasamos la noche entera en oración.

Regresé a la mañana siguiente y me apresuré a llegar a la sala de cuidados intensivos. Cuando entré, ¡David estaba sentado! No tenía en la boca el tubo para respirar, pero todavía quedaban los otros para la solución intravenosa. Su padre se volvió y me miró con desesperación. Entonces miré a David en los ojos: Su mirada estaba en blanco.

—He estado aquí llamándolo por su nombre toda la mañana —explicó cansadamente su padre—. Nada; no hay respuesta alguna.

Busqué a la supervisora y le pregunté por la condición de David.

—¡Está peor! —declaró ella.

—Pero ayer estaba acostado en una posición fetal —protesté yo—, y hoy está sentado, sin los tubos para el oxígeno. Está mejor, tiene que estar mejor.

Ella permaneció intransigente. No estaba mejor. Nunca sería normal otra vez. Era una tragedia lo que había pasado con este joven y toda la culpa era nuestra.

Regresé al cuarto y el padre de David salió, dejándome solo con él. Cuando caminé alrededor de la cama, noté que su mirada vacía me seguía. Yo dije: "David, estamos orando por ti y ¡Jesús tiene la victoria!" Entonces sucedió algo increíble. Si no lo hubiera visto y oído yo mismo, hubiera sido difícil creerlo. Sin que moviera los labios o que su mirada vacía abandonara sus ojos, la palabra "Aleluya" salió de su garganta. Salí para regresar a informar al equipo seguro de que Dios nos había oído.

Cuando regresé al día siguiente, habían sacado a David de cuidados intensivos. Aunque sumamente débil, estaba hablando inteligentemente y caminando con un poquito de ayuda. Me costó abstenerme de saltar y gritar "¡gloria al Señor!" para que el hospital entero lo oyera. Que piensen que somos fanáticos. ¡Dios nos había dado la victoria!

Eso pasó hace veinte años. Desde entonces, David Wallis ha sido misionero en el sur de la India. No obstante, para mí, esta experiencia fue más que la sanidad maravillosa de un joven muy enfermo. Mediante nuestra oración desesperada y ayuno, Dios nos había permitido tomar parte en cambiar Port Moresby, una ciudad de setenta y cinco mil almas. No que fuésemos los únicos; estoy seguro de que Dios tenía también a otros intercesores. Pero nuestras oraciones ayudaron a hacer retroceder las fuerzas de las tinieblas que impedían la evangelización del lugar. En una ciudad que en ese tiempo tenía sólo cinco personas que afirmaban ser llenas del Espíritu, ahora hay cinco grandes congregaciones carismáticas, así como movimientos importantes de renovación entre los católico romanos, los anglicanos y las iglesias unidas.

Casi tuvimos una baja. Pero Cristo nos había dado la victoria y había suscitado mi interés en todo este asunto de la guerra espiritual. Fue el comienzo de una búsqueda. Empecé a orar y a leer las Escrituras. Como tenía que viajar en mi ministerio, hablaba con misioneros y líderes. Y comencé a ver contrastes dondequiera que iba. Había lugares duros y fríos, a veces contiguos a zonas prósperas en el Espíritu. Por ejemplo, uno puede pararse en la frontera entre Kenya y Somalia, con los dedos del pie en un país y el talón en el otro. En Kenya hay dieciséis millones de cristianos; una mayoría de la población. Sin embargo, en Somalia, los cristianos son menos del 1 por ciento de la población, y la mayoría de éstos son residentes extranjeros. No podía menos que preguntarme por qué.

Vi contrastes semejantes entre ciudades, entre vecindarios, entre familias cristianas, y hasta entre individuos y su capacidad para llevar vidas victoriosas. ¿Sería que estábamos pasando por alto algo, algo muy grande y poderoso?

Una respuesta comenzó a surgir. Comencé a emocionarme mucho cuando empecé a ver lo que todo cristiano tiene a su disposición: el poder de gozar de la victoria personal y el poder de alcanzar al mundo, liberando comunidades y naciones de la esclavitud. Este era más que un tema secundario. Comencé a ver que todos somos llamados a ser guerreros y que todos tenemos que aprender a luchar.

CAPITULO DOS

La gran aventura

¿Quién no disfruta de ver una buena película, un programa de acción en la televisión, o ponerse cómodo y leer un libro interesante? Y ¿qué diremos de la emoción en las graderías al presenciar un partido o encuentro entre dos equipos rivales? A casi todo el mundo le gusta ver desarrollarse una historia o presenciar un encuentro competitivo. Invertimos una gran cantidad de tiempo y dinero mirando a actores simular ser algo que no son. Ardemos de indignación cuando el villano aplasta al inocente. Contenemos el aliento en favor de los buenos y aplaudimos de alegría cuando el héroe triunfa sobre la maldad. También gritamos victoriosos cuando nuestro equipo domina al otro equipo y anota un gol.

Sea mediante la ficción o los deportes, poseemos algo profundo que deriva un placer vicario de ver el encuentro de dos fuerzas en batalla. ¿Por qué tenemos tan tremendo deseo por estas formas de emoción? Anhelamos el conflicto, la aventura y la emoción porque fuimos creados para estar activamente involucrados en el más grande de los conflictos: la guerra entre el bien y el mal. Nuestra naturaleza exige que adoptemos una postura en cualquier lucha y animemos a uno o al otro. Dios propone que estemos involucrados en el conflicto, luchando por la justicia. Fuimos destinados para estar activos en la destrucción de aquellas cosas que estorbarían o corromperían el reino de Dios, haciendo retroceder los poderes de las tinieblas.

Podemos entrar en la batalla, en la aventura más grande de todas. Podemos ver triunfar el bien sobre el mal y ver a los cautivos liberados. Esta no es la trama de un libro o el tema de una película. Es exactamente la intención de Dios para nosotros. Puede convertirse en una realidad cuando aprendemos a participar en la guerra espiritual.

Lamentablemente, la mayoría de la gente tropieza con esta batalla sin darse cuenta. Toda persona que nace en este mundo está involucrada en la guerra espiritual. Habiendo sido sumergidos en el conflicto de los siglos, no podemos quedar eximidos ni ser neutrales. Seremos pisoteados por las fuerzas malignas o saldremos victoriosos, ganando almas, cambiando la sociedad, influyendo en la historia, y ayudando a establecer el reino de Dios con nuestra intervención en la guerra espiritual.

La gente me dice a menudo: "¡El diablo debe andar realmente detrás de usted por enseñar sobre la guerra espiritual!" Pero si me pongo a creer que soy un caso especial, me expongo, tanto al ataque del enemigo, como al orgullo espiritual. No creo que Satanás esté más interesado en mí que en cualquier otro creyente. Todos tenemos el mismo potencial de victoria o de derrota. El diablo es igualmente amenazado y derrotado por cada uno y todos los creyentes que toman su posición en la victoria de Cristo y que consecuentemente practican los principios de la guerra espiritual.

Muchas veces me han preguntado por qué enseño sobre la guerra espiritual. No lo hago desde una posición de revelación y autoridad especiales. No porque Dios me haya apartado para entregar un mensaje. Ni enseño sobre este tema porque sea un experto o haya hecho un estudio de toda la vida de estos principios. No tengo ningún don o llamamiento especial con relación a los principios del conflicto espiritual; enseño sobre un gran número de otros tópicos con igual entusiasmo. Y no soy un cazador de demonios, culpando a las fuerzas demoníacas por cualquier situación incómoda o falla en el carácter de alguien.

En primer lugar enseño sobre la guerra espiritual porque es un ingrediente principal que está ausente en los esfuerzos de hoy para la evangelización mundial. Sencillamente, no hemos enfrentado los poderes de las tinieblas al grado que debiéramos como iglesia de

Cristo, viviendo según la victoria del nombre de Jesús y en el poder del Espíritu Santo.

La segunda razón se desprende de mi participación en la consejería. He notado que los creyentes en general tienden a dejar que un enemigo derrotado les robe la victoria que Cristo obtuvo para ellos en la cruz.

Finalmente, hablo sobre la guerra espiritual porque Dios la recalcó a través de la historia. Todavía la recalca. El quiere que su pueblo sea un ejército que tenga influencia sobre el mundo y que haga retroceder a los poderes de las tinieblas.

Listo o no, usted está en la batalla

Me doy cuenta de que muchos sencillamente no están interesados en oír acerca de la guerra espiritual. Nunca irían a un seminario, oirían una cinta ni leerían éste o cualquier otro libro que trate del enemigo. Algunos sienten que la guerra espiritual es un don o llamamiento especial sólo para un pequeño segmento de creyentes. Recuerdo a una señora en Australia que decía: "Es que yo no soy del tipo combativo."

No obstante, la guerra espiritual no tiene nada que ver con la personalidad, los dones, el llamamiento o el trasfondo. Cuando nos enlistamos como creyentes, automáticamente entramos en la guerra. No es asunto de preferencia. El conflicto espiritual comienza reconociendo que ya estamos en medio de él.

Casi todos los creyentes confiesan que Jesús derrotó al enemigo en el Calvario; sin embargo, el conocimiento mental que Cristo derrotó al diablo y que tenemos autoridad sobre él no es suficiente. Continuamente permitimos a Satanás, al que sabemos que fue derrotado, imponerse con desprecio y sacar ventaja sobre nosotros. A menudo actuamos más como víctimas que como los vencedores que Cristo nos destinó a ser.

Como hijos de Dios, no hay necesidad de ser víctimas jamás. Si entendemos los principios bíblicos de la guerra espiritual y cómo opera el enemigo, y si lo resistimos, venceremos.

"¡El diablo me obligó a hacerlo!"

Al igual que muchos otros aspectos en el cristianismo, la guerra espiritual necesita mantenerse en equilibrio. Cuando se trata de esta dimensión, la gente tiende a irse a dos extremos: Ponen demasiado o muy poco énfasis en ella.

Quizás usted haya visto a personas que ponen demasiado énfasis en la lucha espiritual. Ven demonios por todas partes. Si la esposa está irritable, es un demonio. Si el automóvil no quiere arrancar, es un demonio. Cualquier contratiempo, apuro o incidente menor es la obra de un demonio. Pareciera que todos a quienes conocen tienen demonios. Pueden discernir cuántos hay y generalmente conocen sus nombres. Todo problema es resuelto echando fuera demonios y lo hacen en cada oportunidad. Echan fuera demonios de torpeza, demonios de caries, ¡y hasta demonios de pagos altos de hipoteca! Estas bienintencionadas personas eliminan totalmente cualquier sentido de responsabilidad personal denominando toda mala elección y toda acción egoísta y pecaminosa la obra del diablo y sus secuaces.

Los que insisten demasiado en los demonios a menudo desconocen la victoria que tenemos. Viven en conflicto constante con los demonios y, debido a su preocupación, con mucha gente también. Todo creyente debe gozar la victoria continua por medio de Jesucristo. Debemos estar convencidos de esto y no ver demonios en cada situación y comportamiento.

Tenemos la tendencia de apegarnos a nuestro éxito en toda situación de ministerio. Cuando hemos ejercido con éxito nuestro ministerio en la sanidad o la liberación, o cuando hemos recibido una enseñanza nueva y emocionante, nos inclinamos a permanecer junto a ese éxito, esa enseñanza, esa fórmula, ese ministerio. Es posible adoptar una sola idea o método, y excluir todo lo demás. Podemos hasta consentir apartarnos de otros creyentes y otros puntos de vista. Nos aislamos y nos hacemos exclusivistas diciendo: "Yo tengo la respuesta; sólo yo tengo la clave." Eso es orgullo espiritual.

Nadie es inmune al orgullo espiritual. Todos tenemos inclinación a ese deseo interno de poder, de control y de reconocimiento. Esto me pasó a mí hace varios años cuando estaba todavía en Nueva Guinea. Un día, puse mi mano sobre la cabeza de un hombre para orar por él y éste cayó al suelo, revolcándose y echando espuma por la boca. Fue algo espectacular. Procedí a ordenar al demonio en él que se fuera y lo hizo. Miré mi mano asombrado: ¡Qué poder! Pensé que había alcanzado un nivel nuevo de espiritualidad. ¡Podía hacer que las cosas sucedieran!

No me daba cuenta entonces, pero me había enamorado más del tratamiento que de los resultados. Y Satanás se complacía. Dondequiera que iba, en los siguientes meses, había manifestaciones demoníacas en la gente. Pero finalmente, comencé a notar que las personas por las que oraba no permanecían liberadas; a veces los resultados no eran de cambios de vida ni eran permanentes.

Había sido engañado. De repente me di cuenta de que me hubiera desilusionado si alguien hubiera sido liberado tranquila e instantáneamente sin que yo hiciera nada. Y eso estaba mal.

Debemos tener cuidado. Si andamos desequilibrados en nuestro deseo de ver una manifestación sobrenatural, con mucho gusto Satanás allanará el camino para nosotros. Y Dios no está interesado en actuar para satisfacer nuestros intereses egoístas.

Creo firmemente en liberar a la gente de ataduras demoníacas. No obstante, la guerra espiritual nunca debe ser un fin en sí mismo, sino un medio para lograr un fin. Tenemos que mantener nuestro enfoque en las prioridades de Dios, como lo hizo Jesús cuando estaba en la tierra. Dios está haciendo siempre dos cosas: Reconciliando a los perdidos a sí mismo por medio de su Hijo Jesucristo (evangelización mundial) y llevando a su cuerpo, la iglesia, a la unidad, la madurez y la entereza.

Mientras trabajamos para alcanzar estas dos metas nos encontraremos con individuos que están atados y que necesitan liberación. Por supuesto, debemos ir a ellos y ponerlos en libertad. Pero entonces debemos seguir adelante, manteniendo nuestro enfoque en las metas de Dios. Jesús nos dijo en Marcos 16:15 que fuéramos por todo el mundo y predicásemos el evangelio a toda criatura, añadiendo casi como una posdata en los versículos diecisiete y dieciocho que sanáramos también a los enfermos y echáramos fuera demonios. La gente en necesidad era el enfoque de Jesús, no los fuegos artificiales sobrenaturales.

"¡Si no hablamos de él, quizás se vaya!"

Subestimar los principios de la guerra espiritual es tan desequilibrado como sobreestimarlos. En toda ciudad donde residen "grupos sobreestimadores", hay por lo menos un grupo en el otro extremo. Son negativos y hasta se asustan de los que andan echando demonios por todos lados. Su comprensible disgusto los empuja a una posición de negación.

Un amigo mío llevó un equipo para ministrar en una gran nación asiática pagana donde había mucha hechicería y actividad demoníaca. Para sorpresa de mi amigo, el pastor de la iglesia anfitriona les pidió que no mencionaran las palabras "diablo" o "demonios" en la iglesia o cuando orasen por la gente. "Toda clase de cosas comienzan a ir mal cuando se habla del diablo", explicó el pastor de esta iglesia pentecostal. "¡Además, no queremos ser como esa gente que ve demonios en todo!"

Esto no es extraño. Muchos están convencidos que si piensan o hablan del enemigo, serán vulnerables a sus ataques, como si cualquier reconocimiento de Satanás fuese una invitación para la actividad demoníaca. Si lo mencionan, es generalmente con una declaración de victoria rápida y ruidosa. Expresan sus opiniones con observaciones curiosas como:

"¡Alabado Dios! Tenemos la victoria. ¿Amén?"

. . . o:

"Cristo derrotó al diablo hace 2.000 años."

. . . y:

"Es un león, pero le sacaron los dientes."

. . . o ese viejo dicho favorito:

"Leí el último capítulo (de la Biblia) y nosotros salimos victoriosos."

Pareciera como que estuvieran intentando convencerse a sí mismos tanto como a los demás.

Nuestra victoria nunca ha estado en tela de juicio, ni es frágil. Lo que Cristo hizo en la cruz fue para todo el tiempo y toda la gente, si lo aceptan y lo reciben. No necesitamos temer el conocimiento, aunque éste sea acerca del enemigo. Ningún ejército ha sufrido por entender demasiado el proceder de sus enemigos. Podemos estar tranquilos y confiados en la victoria y todavía saber la verdad respecto del diablo, sus tácticas y sus estrategias.

Definitivamente, no debemos desconocerlo o pretender que no existe, esperando que se vaya. Eso sería como un niño que se tapa los ojos y grita: "¡No me pueden ver! ¡No me pueden encontrar!" El diablo no se irá sólo porque no creamos en él. El no nos dejará en paz sólo porque nosotros lo dejemos en paz a él. En la guerra espiritual el desconocimiento no es felicidad. El desconocimiento puede conducir a la esclavitud. El diablo funciona en las tinieblas. Cuando lo desconocemos, nosotros también estamos en tinieblas y él queda en libertad para funcionar. Pero cuanta más luz vertemos en sus actividades, más estorbamos su obra.

Podemos estar seguros de que Satanás sabe quiénes son sus enemigos, y que él continuamente se informa acerca de nosotros. El sabe si nuestra labor para Cristo es eficaz. El endemoniado en Hechos 19:15, dijo poco antes de abalanzarse sobre los que intentaban ejercer dominio sobre él: "A Jesús conozco, y sé quién es Pablo; pero vosotros, ¿quiénes sois?" Satanás conoce a los que invariable y continuamente ejercen su autoridad dada por Dios y operan según los principios bíblicos de la guerra espiritual. El conoce también a los que se ocultan detrás de palabras vacías, con poca o nada de convicción de victoria. Necesitamos quitarnos las manos de los ojos y enfrentar la verdad.

Juan, capítulo ocho dice: "Y conoceréis la verdad, y la verdad os hará libres." ¿Creemos verdaderamente que la verdad nos hace libres? Si así es, ¿cuál verdad? ¿Toda verdad? ¿Qué diremos de la verdad respecto de los poderes de las tinieblas? ¿Nos hace libres esa verdad?

Todo lo que conocemos del enemigo viene de la misma fuente de donde aprendemos acerca de Dios: la Biblia; la Palabra de Dios inspirada por el Espíritu Santo. La Biblia proclama que toda escritura edifica y no se preocupa por dar demasiada publicidad al diablo. Si la Palabra de Dios da espacio para reconocer al diablo y revelar sus estratagemas, debemos dar a esas porciones de la verdad bíblica el mismo tiempo y la misma consideración. Hasta la verdad acerca del enemigo nos puede hacer libres. No es peligroso saber todo lo que la Biblia enseña respecto del enemigo; peligroso es permanecer ignorantes de lo que dice la Biblia.

Por otra parte, la única fuente confiable de información concerniente a los poderes de las tinieblas es la Biblia. Nuestras creencias y doctrinas respecto del diablo nunca debieran estar basadas en nuestras experiencias o en el testimonio de demonios. Hay quienes afirman tener un conocimiento íntimo y exclusivo del enemigo derivado de sus experiencias durante sesiones de liberación y de sus conversaciones con los que han sido atados por los demonios. Cuando se trata de la guerra espiritual, si no está en la Biblia, tenga cuidado.

Consciente del diablo, impresionado de Dios

Muchos viven con miedo del enemigo. Están realmente asustados de lo que el diablo les haría a ellos, a su familia y a su iglesia. En un lugar donde enseño a menudo, un pastor me dijo: "Dean, me preocupa que enseñes tanto sobre la guerra espiritual. ¡La gente no se da cuenta en lo que se está metiendo!" Continuó diciéndome cómo su iglesia se había puesto a ministrar a antiguos brujos y brujas. Repentinamente, uno de los ancianos de su iglesia sufrió la ruptura de su matrimonio, otro tuvo un ataque del corazón, y otro casi tiene un colapso nervioso. "Estás animando a la gente a meterse en una dimensión muy peligrosa", me advirtió él.

Debido a que tengo mucho respeto por ese pastor, tomé en serio sus palabras, y comencé a orar y a escudriñar nuevamente las Escrituras. Pero, ¿dónde está este miedo en la Biblia? No pude encontrar nada en la Palabra de Dios que dijera que debiéramos temer la guerra espiritual, o que estaríamos a merced de las fuerzas malignas si desafiásemos al diablo. Más bien, la Biblia dice más de 300 veces "¡No temas!", y el Salmo 23:4 dice: "No temeré mal alguno, porque tú estarás conmigo" (ver también Hebreos 2:14, 15).

Satanás disfruta atemorizando a la gente. El miedo crece en la ausencia del conocimiento de quién es Dios. Para ser eficientes en la guerra espiritual, equilibrados y libres del temor, tenemos que estar *conscientes* del enemigo pero *impresionados* de Dios. Nunca debe ser al revés. No debemos estar impresionados de Satanás y sólo conscientes de Dios. Si no tenemos cuidado, nuestras conversaciones pueden enfocarse en el poder de las tinieblas y en todo lo que hace el diablo. Una jovencita me dijo con tremendo entusiasmo que habían descubierto 30 conventículos de brujas en su pueblo. Yo respondí: "¡Qué bueno que no fueron 31."

Si bien nunca debemos dejarnos atemorizar por las actividades del enemigo, es necesario ver lo que él procura hacer en nuestra vida. Debemos estar capacitados para decir: "Esta es una acción del enemigo", o: "El diablo está detrás de todo esto." Si podemos reconocer los intentos del diablo de estorbarnos a nosotros y a los que nos rodean, sabremos dónde, cuándo y cómo proceder.

¿Cómo podemos saber que es el diablo y no las circunstancias? ¿Cómo podemos evitar los extremos de ver demonios detrás de todo lo que sale mal? La respuesta es simplemente *preguntarle a Dios.* No suponga que sea la obra del diablo, pero no se niegue a reconocer que pudiera ser su acción. Pídale a Dios que le muestre qué es lo que pasa. El ha prometido guiarnos. El don de discernimiento de espíritus prometido en 1 Corintios 12:10, es la manera que Dios tiene para mostrarnos lo que pasa en la dimensión del espíritu en cualquier tiempo (Hebreos 5:14).

Estar impresionado por Dios es el otro lado de la moneda. Debemos ser mucho más entusiastas acerca de aprender todo lo que podamos de Dios. Si sabemos mucho del diablo y poco de Dios, seremos ineficientes, no sólo en la guerra espiritual, sino en todas las dimensiones de nuestra vida. Si hemos de estudiar al enemigo, primero tenemos que saber la verdad acerca de Dios. Nunca temeremos al diablo si sabemos que Dios es soberano, inmensurablemente grande y poderoso; no obstante, bondadoso, tierno y constante en su amor y compromiso con nosotros.

Otra verdad que debemos apropiarnos es la siguiente: lo que somos en Cristo. Satanás se aprovecha de los que no conocen su posición en Cristo o su relación con Dios. Decir que somos creyentes no es suficiente. Debemos creer a Dios en su declaración de lo que dice que somos. Debemos saber y creer lo que dice la Biblia respecto de nosotros para poder vivir esa realidad y caminar con autoridad.

Cuando sabemos quiénes somos, el enemigo se ve forzado a retirarse porque somos hijos confiados del Dios vivo. El diablo apabulla todos los días con desprecio a miles de creyentes que se convierten en víctimas de las circunstancias, de la gente o de conceptos errados. Debieran andar en el conocimiento de lo que son en Cristo, reconociendo humildemente con confianza: "Yo sé quien soy; por lo tanto, Satanás, no me puedes hacer esto a mí."

Adquirí este entendimiento a medida que escudriñaba la Palabra de Dios respecto a la guerra espiritual. El libro de Efesios cobró vida para mí. Considere los siguientes versículos:

> *Por lo demás, hermanos míos, fortaleceos en el Señor, y en el poder de su fuerza. Vestíos de toda la armadura de Dios, para*

que podáis estar firmes contra las asechanzas del diablo. Porque no tenemos lucha contra sangre y carne, sino contra principados, contra potestades, contra los gobernadores de las tinieblas de este siglo, contra huestes espirituales de maldad en las regiones celestes. Por tanto, tomad toda la armadura de Dios, para que podáis resistir en el día malo, y habiendo acabado todo, estar firmes. Estad, pues, firmes, ceñidos vuestros lomos con la verdad, y vestidos con la coraza de justicia, y calzados los pies con el apresto del evangelio de la paz. Sobre todo, tomad el escudo de la fe, con que podáis apagar todos los dardos de fuego del maligno. Y tomad el yelmo de la salvación, y la espada del Espíritu, que es la palabra de Dios; orando en todo tiempo con toda oración y súplica en el Espíritu, y velando en ello con toda perseverancia y súplica por todos los santos; y por mí, a fin de que al abrir mi boca me sea dada palabra para dar a conocer con denuedo el misterio del evangelio, por el cual soy embajador en cadenas; que con denuedo hable de él, como debo hablar (Efesios 6:10-20).

El versículo 10 de Efesios 6 dice: "Por lo demás . . . fortaleceos en el Señor." La frase "por lo demás" indica que fortalecerse en el Señor es el último elemento en una serie de principios importantes de la guerra espiritual. Lo que precede a "por lo demás" es el vitalmente importante enfoque de Efesios. Pablo nos recuerda que no podemos ser fuertes en el Señor hasta no haber aceptado todo lo que viene antes. De manera, que para entender las palabras "por lo demás", y lo que significa "fortalecerse", necesitamos saber los principios que han sido expuestos en el libro de Efesios.

Watchman Nee escribió un comentario del libro a los Efesios que se llama *Sentaos, andad, estad firmes*. Voy a tomar este apto título para ilustrar los tres mensajes principales de Efesios. Pablo pone fundamentos elementales para la vida del creyente en tres segmentos: sentarse, andar y estar firmes.

Sentarse

Efesios 1-3 fija la atención en nuestra posición en Cristo y nuestra relación con Dios. Es un relato de lo que Dios ha hecho para perdonarnos y reconciliarnos. Estos capítulos están llenos de declaraciones de *quiénes somos* basado en lo *qué Dios ha hecho.* Dios "nos bendijo con toda bendición espiritual". "Nos escogió en él antes de la fundación del mundo." El nos ha "predestinado para ser adoptados hijos suyos por medio de Jesucristo". El prodigó su gracia sobre nosotros. En él "tenemos redención por su sangre, el perdón de pecados". El nos dio a "conocer el misterio de su voluntad". "En él . . . tuvimos herencia." En él fuimos "sellados". Estábamos muertos pero Dios "nos dio vida juntamente con Cristo". El nos ha lavado y nos ha perdonado. Hemos sido salvados "por gracia . . . no de vosotros . . . no por obras, para que nadie se gloríe". Una vez separados y alejados hemos "sido hechos cercanos por la sangre de Cristo". Cristo es "nuestra paz" y por medio de él "tenemos entrada por un mismo Espíritu al Padre". Ya no somos "extranjeros" sino "conciudadanos . . . y miembros de la familia de Dios".

Esto es lo que somos: recibidores de estos maravillosos beneficios de Dios. Y culmina con Dios haciéndonos sentar con él "en los lugares celestiales". Casi es demasiado bueno para creerlo, pero la Palabra de Dios lo declara. La lectura del libro de Efesios debiera de establecernos en una confianza inconmovible. Sin embargo, no es suficiente leer las Escrituras. El cristianismo no es unidimensional. Nunca ha sido suficiente creer en una serie de doctrinas escritas en un pedazo de papel. Lo que creemos debemos vivirlo también. Debemos abrazar estas verdades, creerlas y aprender a sentarnos con Dios.

Estar sentados habla de tres cosas. Habla de *reinar*. "Más reinarán en vida por uno solo, Jesucristo, los que reciben la abundancia de la gracia y del don de la justicia" (Romanos 5:17). Fuimos destinados a reinar en vida. Debemos preguntarnos: ¿Estamos reinando o somos esclavos de las circunstancias y de los ataques del enemigo?

Estar sentados habla también de *una obra terminada.* Nos sentamos sólo después que el trabajo está terminado. Dios nos dice en Efesios que ya todo se ha hecho para hacernos lo que debemos ser. Es una obra acabada. Habiendo terminado la obra de la expiación, habiendo derrotado al diablo, habiendo saqueado todos los principados y poderes, habiéndose establecido Rey de reyes, Jesucristo tomó su legítimo lugar y se sentó. Nosotros también debemos tomar nuestro legítimo lugar, el que nuestro glorioso

Señor y Salvador consiguió para nosotros, y sentarnos. Nuestra salvación está completa; nuestra potestad sobre el enemigo ha sido obtenida (Colosenses 2:10).

Finalmente, estar sentados habla de una *posición de descanso.* El descanso es la respuesta natural cuando se termina un trabajo. Podemos descansar cuando estamos convencidos de que nada puede deshacer la obra terminada. Necesitamos más creyentes que sepan que son guardados por el poder de Dios, que sepan que son salvos y están seguros en Cristo, sentados juntamente con él en lugares celestiales.

Andar

Efesios 4:1-9 es la segunda sección principal de esta epístola. Aquí Pablo explica las responsabilidades del creyente de actuar de acuerdo con la voluntad y la Palabra de Dios. Sentarse es sólo una dimensión de la vida cristiana. Una vez que hayamos aprendido a sentarnos en Cristo, a saber quiénes somos en él por la obra que él ha hecho, tenemos que aprender a caminar.

Nuestra vida no es estática, sino dinámica, llena de energía y movimiento. Todos vivimos en el tiempo y la sucesión de hechos. Todos los días nos levantamos de la cama y determinamos actuar: hacer cosas, alcanzar metas y, espero, llevar una vida fructífera, un día, un momento, una decisión, una acción a la vez. Somos salvos y santificados como creyentes, pero tenemos que vivir los lunes, los martes, los miércoles, los jueves y los viernes.

La misma Biblia que dice: "No por obras para que nadie se gloríe", dice también que . . .

"Andéis como es digno de la vocación con que fuisteis llamados."

"Despojaos del viejo hombre . . . y vestíos del nuevo hombre."

"No se ponga el sol sobre vuestro enojo."

"Ninguna palabra corrompida salga de vuestra boca."

"Quítense de vosotros toda amargura . . . . "

(Efesios 2:9; 4:1, 22, 24, 26, 29, 31.)

La Biblia nos llama a la acción; la acción responsable.

A través de los siglos, los creyentes están peleando una guerra teológica que continúa hoy. Un lado dice al otro: "Ustedes van por las obras. Todos sus esfuerzos son un intento de ganar lo que sólo

Cristo les puede dar." El otro lado responde: "Ustedes son irresponsables. No se ocupan de los asuntos cotidianos."

Necesitamos dejar de disputar y darnos cuenta de que ambas posiciones están en lo cierto; sólo que reflejan dos dimensiones de la vida cristiana. No hay nada que podamos hacer para ganar los dones de perdón y salvación. No hay nada que podamos añadir a las obras de Cristo en la cruz. El ha hecho lo que ha hecho y nosotros sólo podemos aceptarlo o rechazarlo. No podemos ganar la entrada o la aceptación en base a nuestro esfuerzo. No podemos hacer la obra de Dios más completa. Sólo podemos sentarnos juntamente con él.

Pero una vez aceptada nuestra posición en Cristo, debemos andar de una manera digna del fundamento que fue puesto por Cristo. Tenemos la responsabilidad de hacer todo lo que está a nuestro alcance para servirle; para andar en obediencia, en la luz y en el Espíritu. Aunque estamos sentados en lugares celestiales por lo que Dios ha hecho, debemos actuar y comportarnos de una manera responsable, digna de nuestra posición en Cristo. Debemos andar.

Estar firmes

Esto nos lleva a Efesios 6:10-20, la sección de Efesios de "estar firmes". Es en este punto que se nos instruye a estar firmes contra el enemigo. Nunca podremos estar firmes confiada y resueltamente contra los poderes de las tinieblas, si primero no estamos seguros de nuestra salvación. A menos que estemos *sentados* y descansando delante del Señor, sabiendo quiénes somos en Cristo y confiando en la maravillosa gracia de Dios que es poderosa para guardarnos sin caer; y a menos que *andemos* con una conciencia limpia; no podremos *estar firmes* contra los poderes del mal.

Lamentablemente, a menudo lo hacemos al revés: Nos paramos firmes y contendemos para mantener nuestra salvación, y estamos sentados y relajados cuando hay que enfrentar los poderes de las tinieblas. Si usted no está bien seguro de su salvación, bombardee su mente y corazón con pasajes de la Escritura que establezcan todo lo que Dios ha hecho, como Efesios 1-3. Sólo cuando la verdad de Dios penetre y encuentre acomodo inconmovible en su vida podrá usted sentarse y descansar en su salvación.

Por otro lado, si nunca piensa en la necesidad de andar responsablemente todos los días, necesita detenerse en Efesios 3 y 4, y otras escrituras que acentúan su responsabilidad de adoptar las decisiones correctas de acuerdo con la voluntad de Dios.

Dios nos llama a "despojarnos del viejo hombre" y a "vestirnos del nuevo hombre". Es tan fácil de entender como quitarse y ponerse la ropa. Es acción responsable. Todos estamos acostumbrados a elegir y a conducirnos correctamente en asuntos mundanos. Nos cepillamos los dientes con regularidad y cambiamos el aceite del automóvil cuando lo necesita. Vestirse del nuevo hombre es otra de las responsabilidades cotidianas, una buena elección. No se trata de obras; es sencillamente nuestra respuesta correcta a Dios y todo lo que él ha hecho por nosotros.

No podemos trabajar para nuestra salvación. Es un don de Dios. Pero una vez que hemos recibido este regalo, tenemos que mantener una conciencia limpia ante Dios. Primera Juan 3:21, 22 dice: "Amados, si nuestro corazón no nos reprende, confianza tenemos en Dios; y cualquiera cosa que pidiéremos la recibiremos de él, porque guardamos sus mandamientos, y hacemos las cosas que son agradables delante de él." Entonces y sólo entonces estaremos listos para plantarnos firmes ante el enemigo.

Hasta que esté absolutamente seguro y confiado en su salvación, hasta que no ande "como es digno de la vocación" con que fue llamado (ocupándose de sus asuntos diariamente), nunca será capaz de pararse consecuentemente ante el enemigo. Pero cuando lo esté, podrá estar firme.

Pareciera una maravilla acrobática, pero tenemos que estar firmes, sentados y andando al mismo tiempo. Sólo entonces estaremos preparados para avanzar y derrotar a las potestades de las tinieblas. "Por lo demás", podremos fortalecernos "en el Señor, y en el poder de su fuerza". Entonces estaremos listos para la guerra espiritual.

CAPITULO TRES

Conociendo al enemigo

Porque no tenemos lucha contra sangre y carne, sino contra principados, contra potestades, contra los gobernadores de las tinieblas de este siglo, contra huestes espirituales de maldad en las regiones celestes (Efesios 6:12).

Todo buen soldado sale a la batalla bien preparado. No sólo está debidamente armado para derrotar a su enemigo, sino que también sabe lo que le espera cuando llegue al campo de batalla. Más importante aún, entiende la naturaleza de su enemigo y de la guerra en la que participa.

Efesios 6:12 emplea el término "lucha". En los días de Pablo, la lucha era un deporte popular y él la aprovecha como una analogía de la guerra espiritual. Hay algunas semejanzas entre este deporte y la guerra espiritual.

A diferencia de la mayoría de los deportes, la lucha no permite tiempo para descansar o recobrar el aliento. Desde el momento en que comienza el asalto, la lucha exige una concentración constante. Cada pensamiento debe estar enfocado y cada músculo tiene que estar listo. Disminuir la concentración, aunque sea por un momento, es asegurar la victoria del oponente, o por lo menos la pérdida de la ventaja.

Al igual que la lucha, la guerra espiritual es constante. Si tuviera que impresionar a los creyentes con una sola cosa, sería que nuestra lucha es constante. La guerra se libra las veinticuatro horas del día, siete días a la semana, cincuenta y dos semanas al año. Satanás no se toma libre los sábados por la noche, o los lunes por la mañana, ni nunca da aviso de que está enfermo. El es implacable en sus intentos por frustrar la obra de Dios en y a través de nosotros.

Cuando digo que la batalla es constante, no quiero decir que tengamos que luchar por mantener lo que Dios ha hecho. No necesitamos combatir para alcanzar la salvación. La gracia de Dios nos ha puesto en esa posición. Nos paramos firmes no *para* nuestra salvación sino *debido* a ella.

Como se ha dicho ya, la mayor parte de la guerra espiritual se gana con nuestro conocimiento de la obra del enemigo. No se trata de estar luchando todo el tiempo, sino de estar conscientes de que la batalla se está librando cada minuto de nuestra vida.

No podemos vivir en Disneylandia

Quizás la mayor ventaja de Satanás sobre los hijos de Dios es que no da tregua, en oposición a nuestra inconstancia. Los creyentes somos notoriamente inconstantes. Oscilamos entre períodos de intensa devoción a Dios y períodos de autoimpuesta separación de él.

El diablo ha visto antes nuestra inconstancia. Ha oído a la gente declarar: "Llegaré a conocer verdaderamente al Señor. Cambiaré al mundo y haré cosas grandes para Dios." Pero Satanás no se impresiona con nuestros arranques momentáneos de consagración. El sabe cuántos creyentes se comprometen el primero de enero a orar y a estudiar la Biblia regularmente, sólo para perder el entusiasmo antes de la mitad de febrero. En nuestros tiempos de fuerza y devoción seria a Dios, el diablo se puede permitir el lujo de esperar pacientemente hasta que bajemos la guardia. Satanás esperará semanas, meses y años si es necesario.

¿Cuántas veces ha oído a creyentes hacer declaraciones como éstas?

"No estoy seguro de nada ahora."

"Estoy confundido."

"Mis líderes me fallaron; mis amigos me fallaron; Dios me falló."

"Estoy pasando muy mal rato."

"Necesito retirarme por una temporada; tomarme un tiempo para reflexionar."

Quisiera que viviéramos en un mundo diferente, un mundo al estilo de Disneylandia donde pudiésemos darnos tiempo para apartarnos de la vida y de la lucha entre el bien y el mal. Pero no podemos. Nunca podemos tomar vacaciones del cristianismo. No podemos hacer esperar a Dios, ni a Satanás. Jamás podemos decir: "Dios comprenderá si ruedo cuesta abajo por un tiempo. El conoce mi tragedia, mis circunstancias, mi dolor. El me concederá un tiempito para curar mis heridas." Dios comprende nuestra lucha, dolor y pena, pero él espera que vivamos victoriosos, no derrotados. El nos ofrece la gracia para ser más que vencedores. Y aunque sí comprende, hay uno que jamás será indulgente con nosotros: Satanás.

¿Cuán malo es el diablo?

¿No sería formidable si el diablo nos dejara en paz cuando estemos pasando por días difíciles? Me gustaría que así lo hiciera, pero debo informarle que no lo hará. El siempre pelea con vileza. Satanás percibe nuestros momentos de desánimo como sus oportunidades. Fiel a su naturaleza, él golpea con vil determinación cuando más débiles estamos. No podemos esperar menos del enemigo. No debemos subestimar lo malo que es Satanás ni lo terrible que son sus intenciones hacia nosotros.

Satanás nos ataca implacablemente porque nos odia. El anhela nuestra destrucción total. El carece de bondad. Está absolutamente carente de virtud y compasión. Así es su naturaleza y nunca cambiará.

Piense en lo más malo y grotesco que la gente se hace mutuamente. Piense en los hornos en los campos de concentración nazi, o las pantallas para lámparas hechas con piel humana. Piense en cuántas horribles maneras han concebido los hombres para torturarse y asesinarse unos a otros: Han amarrado a las personas encima de un montón de troncos para verlas quemarse, o han atado los brazos y las piernas de alguien a cuatro caballos que salen galopando en cuatro direcciones diferentes descuartizando a la víctima. Piense cómo algunos padres violan a un bebé de cuatro meses o derraman agua hirviente sobre sus hijos. Los hombres se hacen cosas indecibles unos a otros: actos obscenos, monstruosos, violentos. Todos los días en las prisiones del mundo se arrancan ojos y uñas, y la gente es forzada a comer su propio excremento. En conventículos, las brujas matan y comen bebés. Conocí a gente en un campo de refugiados en Tailandia que me contó historias terribles de soldados que abrían de un tajo el vientre de mujeres encintas y los bebés caían en el lodo mientras el resto de la familia miraba incrédula y angustiada.

Retrocedemos horrorizados por estas terribles cosas que los hombres se hacen unos a los otros. La mayor parte de nosotros hemos sido protegidos del terror de estas realidades. Pero todas ellas han sido engendradas por nuestro enemigo. Satanás es peor que cualquier cosa real o imaginada. Tenemos que tener una revelación de nuestro enemigo. Al igual que necesitamos una revelación divina de la bondad, la misericordia y el amor de Dios, así debemos tener también una revelación del poder maligno y destructivo de Satanás.

El diablo carece de todo sentido de equidad. No tiene misericordia. Cuando estamos abajo, él nos patea. Como un tiburón, arremete para matar cuando huele sangre. Está lleno de odio y le encanta el tormento. Cuando las tragedias vienen: cuando se fracasa en la escuela, cuando se pierde el empleo, cuando el esposo o la esposa ha sido infiel, cuando se ha perdido la familia en un accidente automovilístico, entonces es que el diablo quita todos los frenos y lo persigue con vigor salvaje.

Es humano sentirse devastado cuando la tragedia golpea, y sufrir el trauma emocional. Pero durante estos tiempos debemos permanecer conscientes y alertas también al ataque del enemigo.

Satanás nota nuestras debilidades, sean de lujuria, duda o depresión. Espera pacientemente la oportunidad perfecta y, entonces, siembra las semillas de la destrucción en nuestra vida. Mientras él las observa echar raíces, nosotros las notamos demasiado tarde o no las vemos.

Nuestra responsabilidad es reconocer la constancia del enemigo y sorprenderlo examinando las zonas de debilidad que nos han causado fracasos en el pasado. Si usted alguna vez ha tenido un accidente automovilístico en determinado trecho de la carretera o en cierta bocacalle, no pasará por el lugar nuevamente sin sentirse intensamente consciente de los peligros ahí. Conducirá con mucho más cuidado en ese punto que en cualquier otro. De la misma manera, podemos ser fuertes y vencer donde hemos fracasado en el pasado.

"Satanás lo odia y tiene un plan horrible para su vida"

"El ladrón no viene sino para hurtar y matar y destruir; yo he venido para que tengan vida, y para que la tengan en abundancia" (Juan 10:10).

Este versículo describe la naturaleza y las actividades del diablo. Esto es lo que Satanás hace: él hurta, mata y destruye.

Es un ladrón que quiere robarnos todo lo que puede. Quiere robarnos la salud y otro año de vida. Quiere robar nuestra productividad, nuestras relaciones, nuestro gozo, nuestra paz y nuestra fe.

Cuántas veces ha dicho usted: "Qué día más terrible he tenido." "Qué pérdida total ha sido esta semana." "¡Qué mes más improductivo!" Eso es exactamente lo que quiere el enemigo. El quiere saquear nuestra vida un día a la vez. Nosotros apoyamos el hurto del enemigo cayendo en su fórmula de "mal día". Debemos estar alertas y conscientes. No podemos concederle nuestros días. Hacerlo es cometer suicidio lento, porque nuestra vida es sólo la suma de nuestros días. Cuando las circunstancias nos amenacen debemos decir: "Satanás, no te permitiré que me robes este día o este momento; no te permitiré que robes mi gozo."

Satanás es también un asesino. Disfruta matando. Cualquier cosa que tenga que ver con la muerte está plenamente respaldada y alentada por él. El es la influencia principal detrás de declaraciones como: "Quisiera no haber nacido nunca", y: "Quisiera estar muerto." El quisiera empujarnos a todos al suicidio y al asesinato.

Mucha gente, hasta creyentes, han albergado la idea de terminarlo todo, pero todo pensamiento suicida viene del corazón cruel y asesino de Satanás. No intento culparlo a él por todo, pero el suicidio es la obra del diablo. Está en su naturaleza aniquilarnos; no es natural querer destruirnos a nosotros mismos. Dios creó al hombre con la supervivencia como su instinto más fuerte. El suicidio es sugerido por los poderes de las tinieblas a corazones necesitados y desesperados.

Cuando el diablo no puede lograr nuestra propia destrucción inmediata, nos incitará a una forma de suicidio más lenta: alguna forma autodestructiva de escapar de la vida. Las formas más obvias de suicidio lento son las drogas y el alcohol. Siempre que decimos: "No puedo con la vida, voy a escapar con esto", estamos en la ruta del suicidio. Es el mismo principio y el mismo espíritu. La forma en particular puede variar y hasta parecer inocente. Pudiera ser un vicio de comida, sexo, televisión o de ir de compras. Si estamos usando algo para evadir la vida, para ocultarnos de la realidad, es suicidio; es muerte.

Satanás también quiere destruirnos con el pecado. Nos tienta a pecar con la promesa seductora de la que nos sentiremos realizados. Por ejemplo, si no estamos satisfechos de nuestro matrimonio, nos hará creer que podemos encontrar satisfacción en otros brazos. No obstante, el enemigo nunca ha pensado en darnos satisfacción. Cuando abandonamos todo con el fin de sentirnos realizados, entramos en el dominio de los poderes de las tinieblas. Nuestra participación en el pecado da a estos poderes el permiso y la oportunidad de operar en nuestra vida. Nos convertimos en colaboradores de Satanás en su meta de arruinarnos.

Satanás es real. Su naturaleza, sus intenciones y su participación malignas en nuestros asuntos son reales. Cuando entramos en su territorio, estamos haciendo amistad con un ladrón, un destructor diabólico y un asesino monstruoso que no tiene remordimiento.

Su intención es destruir nuestra mente, nuestro cuerpo, nuestro carácter, nuestra reputación y nuestras relaciones. El anhela la extirpación de todo lo que es recto y bueno. Y sin embargo, hay mucha gente que cree que puede jugar con el pecado, que puede entretenerse superficialmente con los poderes de las tinieblas. "Dios entiende", dicen ellos. "El me perdona." El asunto no es si Dios entiende o perdona. No podemos jugar con la criatura más perversa, más nefanda y asesina del universo, y escapar ilesos. La elección es nuestra. Cuando se trata del pecado, o nos paramos firmes *contra* el enemigo o estamos de *su* parte.

¿Tonterías inocentes o peligro mortal?

> *No sea hallado en ti quien haga pasar a su hijo o a su hija por el fuego, ni quien practique adivinación, ni agorero, ni sortílego, ni hechicero, ni encantador, ni adivino, ni mago, ni quien consulte a los muertos. Porque es abominación para con Jehová cualquiera que hace estas cosas . . . (Deuteronomio 18:10-12).*

El señuelo de Satanás para la destrucción es muy seductor e igualmente engañoso. Sus planes son muy complicados y se extienden a todo ser viviente. A veces sus planes están ocultos, mientras que otros son descarados, como en el caso del movimiento de la Nueva Era.

En las últimas dos décadas, el crecimiento y la extendida aceptación del ocultismo ha sido increíble. De una manera u otra, estas tendencias nos afectan a la mayoría. Todas las mañanas durante el café, millones vuelven a la sección del horóscopo en el periódico para enterarse de cómo será su día. Si tienen más dinero, pueden adquirir un cuadro astrológico personal o quizás pagar a un experto. En la estantería de toda tienda de departamentos, en las gavetas de escritorios y en el baúl de los juguetes de millones de niños, se encuentra naipes del tarot, ouijas, juegos de "Calabozos y dragones", e historias ilustradas con personajes demoníacos. Se lee las palmas de las manos en las ferias y la gente mira el fondo de las tazas de té para saber el futuro.

El concepto detrás de algunas de estas cosas es simple: hay días buenos y días malos, y podemos descubrir cuáles son. Después que John Lennon fuera asesinado en Nueva York, algunos supuestos expertos dijeron que si John lo hubiera verificado, habría sabido que el día de su asesinato era un día malo para él. Dicen ellos que nunca debió haber salido de la casa.

Muchos piensan que éstas son sólo prácticas inocentes o puras tonterías. Estoy seguro de que muchas columnas de horóscopos son simplemente conjeturas absurdas de personas que quieren divertir a los curiosos. No hay nada demoníaco con las predicciones sin fundamento en el periódico de la mañana. No obstante, para Dios son una abominación; no por su contenido, sino porque la gente escoge exponer su vida a los planes de Satanás.

Satanás tiene realmente un plan para nuestra vida. Los creyentes deben estar conscientes de esto; *conscientes,* no alarmados.

Debemos saber que si consultamos con una fuente sobrenatural de información, nos exponemos a los poderes de las tinieblas. El peligro radica en nuestra elección; nuestro consentimiento de acudir a otro que no sea Dios para echar un vistazo aparentemente inofensivo al futuro. Ese vistazo puede exponernos a un plan que realmente existe en la mente de Satanás para nuestra muerte.

La participación en actividades ocultistas estaba absolutamente prohibida en el Antiguo Testamento. Los que eran sorprendidos en la hechicería, la adivinación o en ejercicios espiritistas eran sacados fuera de la ciudad y apedreados a muerte. Dios procede en serio cuando condena tales cosas.

En vez de aprender de memoria una lista de actividades prohibidas, debemos conocer este principio único: Cualquier información o actividad sobrenatural viene de Dios o de Satanás. Si viene de Dios, viene por el Espíritu Santo, en el nombre de Jesucristo y de acuerdo con la Palabra de Dios. Las otras ocurrencias sobrenaturales son una abominación para Dios. Son abominación porque aún las aparentes cosas buenas de Satanás conducen a la destrucción y a la esclavitud. Son malas porque *Dios* quiere ordenarnos, guiarnos e informarnos. Lo que sea que nos guíe es nuestro dios, y se nos ha mandado a no tener dioses ajenos delante de él (Exodo 20:3).

¿Quién es mejor para revelarnos lo desconocido?

Es una vergüenza que fuesen los psíquicos y los ocultistas los que reintrodujeran la mayor aceptación de lo sobrenatural en el mundo, cuando la iglesia lo ha sabido todo el tiempo. Lamentablemente, la iglesia todavía está hojeando los libros de teología y preguntándose si Dios hace hoy cosas sobrenaturales, cuando los psíquicos están diciendo a los departamentos de policía dónde encontrar los cadáveres. Yo espero el día cuando la policía llame a la iglesia y le pida que ore para que Dios les dé información.

La razón principal por la que Dios no quiere que consultemos otras fuentes sobrenaturales es porque él quiere ser nuestra única fuente de actividad sobrenatural. El Dios vivo nos ama y quiere ser nuestro guía. El ha prometido en el Salmo 32 enseñarnos el camino. En Juan 10, Jesús dijo que sus ovejas conocen su voz. La Biblia está llena de promesas de Dios para la dirección, la ayuda y la corrección. ¿Por qué no acudir a Dios? El tiene planes para nosotros. El nos dará toda la información y actividad sobrenaturales que jamás podamos necesitar en el cumplimiento de esos planes. Aunque no entendamos la primera vez y aunque tengamos dificultad en oír su voz de vez en cuando, podemos confiar en su carácter. Todavía podemos creer que él dirigirá nuestros pasos. Su récord es impecable. El nunca ha herido o le ha fallado a nadie. El nunca ha sido otra cosa que fiel, justo y bondadoso. Seguramente que podemos depositar nuestra confianza en él.

Los altibajos

Todos tenemos nuestros altibajos emocionales y psicológicos. El ciclo mensual femenino es un ejemplo. Estos altibajos no son demoníacos en su naturaleza. No obstante, el enemigo trata de aprovecharlos. Debemos estar en guardia. No tenemos por qué permitir que estos ciclos naturales, o el diablo, arruinen cualquier día.

Cuando David despertaba por las mañanas, a veces se sentía preocupado y deprimido. Pero David decía a su alma: "No te desanimes, alma mía, no te turbes; ¡espera que Dios se manifieste!" (Salmo 42:11, La Biblia al día). David se animaba continuamente en el Señor.

Dios no espera que estemos emocionalmente animosos siempre. Es normal sentirse desanimado algunas veces, estar deprimido o triste. Yo solía pensar que cuando madurase espiritualmente no tendría más altibajos. Entonces observé uno de esos monitores del corazón en la televisión y noté que los altibajos son una señal de la vida. Cuando la línea se torna plana, ¡significa que la persona está muerta! La madurez cristiana no significa que no haya tiempos de desánimo; la madurez cristiana es aprender a controlar nuestros altibajos. Recordemos que el enemigo siempre ataca cuando somos vulnerables. Necesitamos aprender a animarnos a nosotros mismos y los unos a los otros.

El radar espiritual

La guerra espiritual exige estar alertas; en vigilancia constante de las actividades del enemigo. ¿Cuántas veces ha oído la amonestación: "No pienses ni hables del diablo; sólo pon tus ojos en el Señor"? Bueno, no es posible mantener nuestros ojos literalmente en el Señor. Esa afirmación significa que debemos estar atentos a Dios. El puede obrar en nosotros, y por medio de nosotros, porque nos ama y somos guardados por su poder. Significa estar conscientes de Dios, recordando quién es y lo que él ha hecho.

No hay nada malo con ese consejo, pero es oportuno que el cuerpo de Cristo adopte otro: "Ten tus ojos puestos en el diablo." Para la mayoría de nosotros, es una perspectiva intranquila. De alguna manera hemos creído que si ponemos los ojos en el diablo, no pueden estar en Dios. Pero todos podemos llegar al punto de estar constantemente conscientes del Dios vivo y también de lo que el diablo está haciendo.

Si estuviera en medio de una batalla con bombas que explotaban alrededor, pudiera acercarme al coronel y decirle: "Veo que hay una guerra. ¿Contra quién está peleando? ¿Cuántos son nuestros enemigos? ¿Cuáles son sus objetivos? ¿Cuáles son sus movimientos? ¿Qué clase de munición usan?" ¿Qué diría si él respondiera algo como lo siguiente? "Bueno, no nos preocupamos por el enemigo. No nos gusta hablar mucho de él. No sabemos dónde está ni qué hace. Sólo disparamos nuestros fusiles y lanzamos nuestras granadas. Hoy disparamos 17.000 tiros. ¿No le parece emocionante? ¿No cree que nos va bien?"

Lo absurdo de una guerra librada en semejante ignorancia es claro. Sin embargo, yo he oído un planteamiento idéntico sobre la guerra espiritual de parte de creyentes bienintencionados que intentan protegerse de los poderes de las tinieblas. No obstante, nuestra ignorancia acerca del enemigo no nos protegerá. ¡Tenemos que mantener los ojos puestos en él! Por otro lado, si los tenemos puestos en el diablo y no en Dios, también tendremos problemas. *Debemos* tener nuestros ojos puestos en Dios y, sin miedo, mantenerlos en el enemigo también. Debemos saber dónde está y lo que hace.

Esta vigilancia es muy parecida al radar. Para que el radar sea de algún valor, tiene que ser constante. Si la antena deja de girar en cualquier momento, por las noches, los fines de semana, la Navidad, los días festivos, una revisión mensual de mantenimiento o cuando el operador no se siente bien, el sistema es inútil. Si pasamos seis meses alertas contra los poderes de las tinieblas, sólo para bajar la guardia por un día, podemos estar seguros de que ese día atacará el enemigo. El está consciente cuando dejamos de mantener una vigilancia constante. El planea y saca total ventaja de nuestras flaquezas.

La presencia sola del radar es, con frecuencia, suficiente para alejar el ataque de aviones enemigos. De la misma manera, nuestra vigilancia constante puede disuadir a Satanás en sus intentos de arruinarnos. Cuando el diablo entre en la pantalla de nuestro radar, luces rojas de advertencia se debieran encender dentro de nosotros, preparándonos para el ataque y, a menudo, impidiéndolo totalmente.

CAPITULO CUATRO

Tres campos de batalla

Puentes. Caminos. Pistas de aterrizaje. Estaciones de radio y televisión. En toda guerra, las zonas estratégicas son fuertemente fortificadas para defenderlas del enemigo. Quien ocupe los lugares claves probablemente gane la batalla. Hay tres zonas estratégicas en nuestra vida que tenemos que fortificar contra todo ataque: la mente, el corazón y la boca. Al igual que posiciones militares críticas, debemos luchar hasta el último aliento para protegerlas.

La mente: La primera zona estratégica

Todo pensamiento que penetra en nuestra mente tiene tres posibles fuentes: Primero, se puede originar en nosotros mismos. Dios nos creó con la capacidad de producir pensamientos independientes de cualquier otra fuente. Son *nuestros* pensamientos. Segundo, pueden venir de Dios. Dios puede hablar a nuestra mente. Sea que la llamemos revelación, dirección, la voz de Dios o el don de la palabra de ciencia, él habla directamente a nuestra mente. La tercera fuente es el enemigo. Las fuerzas de las tinieblas también nos hablan. Es de lamentar que muchos creyentes escuchan al enemigo, caen bajo su influencia y sufren las consecuencias.

Algunos se preguntarán cómo es que el diablo habla a nuestra mente. El no es omnipresente, entonces, ¿qué significa la Biblia cuando dice: "Resistid al diablo, y huirá de vosotros" (Santiago 4:7)? Cuando la Escritura habla de Satanás o el diablo, a veces se refiere a su imperio del mal en vez de al individuo Lucifer. No es posible que el diablo esté en cientos de miles de lugares al mismo tiempo, tentando a la gente y poniendo sugerencias en su mente. Sus ángeles caídos (la Biblia no dice cuántos) son los que cumplen las órdenes de Satanás. Con toda probabilidad, la mayoría de nosotros no merece la atención personal de Lucifer. Cuando la Palabra de Dios nos manda a resistir al diablo, creo que se refiere a seres espirituales que le pertenecen a Lucifer. En favor de la simplicidad, me referiré con frecuencia en este libro a Satanás en el sentido genérico, cuando quiera hablar de cualquiera o de todos los de su hueste caída.

Aunque las fuerzas de las tinieblas no pueden leer nuestra mente, sólo Dios puede hacerlo (Salmo 7:9), sí pueden poner sugerencias en ella. ¿Recuerda la ocasión en que Pedro reconvino a Jesús cuando el Señor dijo que era necesario morir, y resucitar al tercer día? Jesús le respondió a Pedro: "¡Quítate de delante de mí, Satanás!" (Mateo 16:23). Jesús no estaba diciendo que Pedro estaba poseído repentinamente del demonio; evidentemente, Pedro expresó el pensamiento que Satanás acababa de susurrar en su mente.

La mayor parte de la guerra espiritual se libra en la mente del hombre. Tiene que ver con el reconocimiento de un pensamiento cuando no es recto, o cuando no concuerda con la verdad de Dios. No todos los pensamientos malos vienen de Satanás, pero él los aprovechará y los aumentará.

Una vez, cuando regresaba a casa después de una reunión, me di cuenta de que mi mente estaba llena de disputas y críticas hacia los otros líderes espirituales con los que me había reunido. De repente se me ocurrió que yo no quería ser crítico o falto de amor hacia ellos. No obstante, mi mente desbordaba de pensamientos negativos contra mis amigos. Tuve que contenerme y reconocer que esos pensamientos venían del enemigo.

El enemigo disfruta en desacreditar a la gente y destruir sus relaciones. Es el deleite de Satanás llenar nuestra mente de acusaciones contra nuestro esposo o esposa, nuestros líderes, nuestros amigos, o gente de un país o ciudad en particular, o contra Dios. Satanás es el "padre de mentira" (Juan 8:44) y "el acusador de nuestros hermanos" (Apocalipsis 12:10).

Miedo de la oscuridad

Dios es creador. El creó de la nada todo en este universo. No contó con una acumulación de materia prima. Nada existía hasta que fue imaginado en la mente de Dios. Nosotros, que somos creados a imagen de Dios, también somos creadores. El nos dio imaginaciones activas. Aunque Dios creó el mundo que habitamos, nosotros hemos agregado cosas como concreto, luces, automóviles, microcircuitos, esculturas y sinfonías. Tenemos una capacidad fenomenal dada por Dios para crear con nuestra mente.

Esta capacitación maravillosa puede ser también el blanco de los poderes de las tinieblas. El diablo alimenta regularmente nuestra imaginación con mentiras y perversidad. Nos preocupamos y tememos lo que imaginamos que podría suceder, aunque esas cosas malas raramente ocurran. Muchos tienen miedo de la oscuridad. No es miedo literal de la oscuridad. El miedo de la oscuridad viene cuando la visión es estorbada, y la imaginación pinta cosas terribles, cosas que no son reales.

Cuando le damos acceso al diablo, él con mucho gusto suple las imágenes que perviertan nuestra creatividad. Por ejemplo, Ted Bundy fue un asesino en masa responsable por dieciocho muertes, y fue ejecutado en la Florida en 1989. Antes de su muerte, le contó al doctor James C. Dobson cómo había ejercido influencia en él todo el violento material pornográfico que leía.

Dios nunca destinó nuestra imaginación para que fuese abusada con información profana e infernal. Nos dio la imaginación para la fe. Fe es imaginar lo que Dios ha hablado como si ya estuviera realizado. Tenemos fe cuando lo vemos en la mente. Eso es lo que quiere decir la Biblia cuando afirma: "Es, pues, la fe la certeza . . . " (Hebreos 11:1).

Pues aunque andamos en la carne, no militamos según la carne; porque las armas de nuestra milicia no son carnales, sino poderosas en Dios para la destrucción de fortalezas, derribando argumentos, y toda altivez que se levanta contra el conocimiento de Dios, y llevando cautivo todo pensamiento a la obediencia a Cristo (2 Corintios 10:3-5).

He oído a personas usar el término "fortalezas" para referirse al humanismo, al islamismo, al comunismo y a otras religiones e instituciones. Sin embargo, en 2 Corintios, "fortalezas" no se refiere a grandes y complejos sistemas humanos o demoníacos. Aquí se refiere a las fortalezas en la mente. Estas fortalezas son castillos en el aire eregidos en nuestra mente por medio de pensamientos malos, de incredulidad, de depresión y pensamientos negativos.

Dos fortalezas muy comunes entre los creyentes y los inconversos hoy en día son los pensamientos de inferioridad y de condenación.

Los pensamientos de inferioridad nos dicen constantemente: "No eres suficientemente grande. No eres suficientemente listo. No te ves bien. No estás logrando nada en la vida. No vales nada." Estos dardos nos tienen compitiendo con otros y envidiándolos.

Satanás también acusa: "No estás agradando a Dios. No eres suficientemente espiritual. Lees muy poco la Biblia. No tienes comunión con Dios." Estos pensamientos nos hacen sentir como si nunca pudiésemos llegar a obtener la aprobación de Dios. Algunos creyentes viven todos los días de su vida bajo una enorme condenación.

Estas dos fortalezas tienen que ser destruidas mediante la guerra espiritual, rechazándolas y aceptando en su lugar lo que Dios dice de nosotros en la Biblia.

Un centinela mental

Los pensamientos pueden ser como el alimento que entra por la boca. No estamos conscientes de cada bocado. Quizás no nos detengamos para pensar en cada bocado, pero cuando damos un mordisco a una fruta podrida, automáticamente la escupimos. De la misma manera, tratar con los pensamientos y las imaginaciones puede llegar a ser automático.

Todo puesto militar tiene guardias. Estos están en silencio en sus puestos hasta que oyen un crujido en los arbustos. Entonces inmediatamente dan el: "¿Quién vive?", y se preparan para expulsar a cualquier intruso. Nosotros también necesitamos situar un guardia en la puerta de nuestra mente para comprobar las credenciales de todo pensamiento e imaginación, listos para derribar lo que no sea verdadero, recto o de Dios. Si no pertenece, debe salir. Esto es guerra espiritual: estar alertas a todo pensamiento.

La Biblia dice: "Porque cual es su pensamiento en su corazón, tal es él" (Proverbios 23:7). Una de las estratagemas más grandes del diablo es anular la eficiencia de los creyentes que son realmente salvos. Aunque vayan al cielo cuando mueran, Satanás se alegrará de embotar su vida mientras vivan. Los incapacita robándoles sus días, meses y años influyendo en ellos para que piensen mal. Es triste ver que Satanás haya neutralizado con éxito de esta manera a miles de posibles vencedores.

El corazón: La segunda zona estratégica de guerra

> *Sobre toda cosa guardada, guarda tu corazón; porque de él mana la vida (Proverbios 4:23).*

Cuando la Biblia se refiere al corazón quiere decir muchas cosas. Referente a la guerra espiritual, estoy tomando dos de sus significados: las actitudes y las emociones.

La Biblia habla de la protección de los miembros importantes de nuestra anatomía con la armadura de Dios. Tanto en lo físico como en lo espiritual, la cabeza y el corazón son los más vitales y vulnerables. Se puede perder un brazo o una pierna en la batalla, pero una herida en la cabeza o en el corazón es casi la muerte segura. En un sentido espiritual, nuestra cabeza y corazón son igualmente vulnerables y exigen igual protección.

Como creyentes estamos firmes contra los pecados de acción, pero no cuidamos nuestras actitudes con igual diligencia. Si llegásemos a saber que un predicador que admiramos es un adúltero, homosexual o ladrón, nos sentiríamos enfurecidos. Emprenderíamos acción inmediata, nos negaríamos a asistir a sus reuniones, y haríamos todo lo posible por quitarlo de su puesto de ministro. Pero si en vez, supiésemos que un orador famoso es rebelde, independiente, belicoso, orgulloso, arrogante e iracundo, la mayoría de las veces, quizás lo absolveríamos. Quizás nos encogeríamos de hombros diciendo: "Da gusto encontrar a alguien que no tiene miedo de ser humano como nosotros."

Sin embargo, la norma bíblica no es tan tolerante. Efesios 4:26, 27 dice: "No se ponga el sol sobre vuestro enojo, ni deis lugar al diablo." Por supuesto que el enojo no es la única actitud mala que podemos tener. Pero podemos ver en este versículo, y en los que siguen, que cualquier actitud permitida que se encone, puede dar una oportunidad al diablo para que ataque. ¡Y recuerde que en esta epístola Pablo escribe a una de las iglesias más maduras del Nuevo Testamento! A diferencia de los gálatas o los corintios, los efesios no eran un caso problemático. La de ellos era una iglesia de creyentes relativamente maduros, llenos del Espíritu y devotos. No obstante, Pablo sintió que era necesario advertirles que no dieran lugar al diablo. No dice que lo estuviesen haciendo, sino que *podrían.*

Lo que era posible para los efesios también lo es para nosotros. Es más que una posibilidad. Lamentablemente, los aspectos que abandonamos más fácilmente, son nuestras actitudes y las palabras y acciones que éstas causan.

Lavarse los dientes y tratar con las actitudes

Demasiadas veces permitimos que las malas actitudes echen raíces y se manifiesten sin frenarlas. Para mantener al enemigo alejado de nuestro corazón, tenemos que tratar inmediatamente con las malas actitudes que afloran. "No se ponga el sol sobre vuestro enojo", no dice que no nos enojaremos; dice que tratemos con el enojo.

No podemos pensar que todas nuestras actitudes malas desaparecieron cuando fuimos salvos. La Biblia es clara acerca de nuestras responsabilidades diarias para disponer la vida, tomar decisiones y rectificar las malas actitudes.

Nos bañamos y lavamos los dientes todos los días. Nunca pensaríamos en decir: "No soy partidario de las obras, así que, si Dios me quiere vestido hoy, él me vestirá", o: "Si Dios quiere mis dientes limpios, él los lavará." Sabemos que somos responsables de estas pequeñeces, y las hacemos todos los días. Ya sea que estemos cansados, deprimidos o confusos, siempre nos ponemos la ropa antes de salir de la casa.

Debiéramos ser igualmente responsables en lo concerniente a las malas actitudes. Si decimos: "No tengo que ser responsable por mis acciones y mis actitudes hoy", o: "No tengo que arrepentirme, ser humilde, sonreír o alentar a alguien cuando no lo sienta", es tan ridículo como decir: "Febrero es un mes duro para mí, creo que esperaré hasta marzo para bañarme." Despojarse del viejo hombre y vestirse del nuevo (Efesios 4:22-24) significa adoptar la responsabilidad diaria de ocuparnos de nuestras actitudes. No podemos hacer caso omiso de estas responsabilidades porque seamos nuevos creyentes, o porque estemos afligidos, porque no entendamos o por otra razón cualquiera (Efesios 4, Colosenses 3:8).

Vivir responsable y consecuentemente es muy importante porque los poderes de las tinieblas pueden manifestarse de acuerdo a nuestras actitudes. Si permanecemos orgullosos y rebeldes no hay garantía de que seamos protegidos de los poderes de las tinieblas. Si por meses y años toleramos la amargura, estamos cediéndole lugar al enemigo (Mateo 18:34, 35). No hablamos aquí de haber sido justificados por la fe y de permanecer en la gracia de Dios, sino acerca de cerrar las puertas al enemigo.

Es fácil reconocer al hombre que ha permitido que una "raíz de amargura" brote en su vida (Hebreos 12:14, 15). Todo le molesta, y se convierte en una persona enfadada y criticona, que contamina a todos los que la rodean. Puede cambiar de circunstancias, cónyuge u organizaciones, pero nada le impedirá chocar contra los que le son molestos.

Tenemos que tratar con una raíz de amargura al instante en que brota. Es relativamente fácil arrancar un árbol cuando es un pequeño retoño. Pero cuando ya ha crecido, arrancarlo se vuelve una tarea monumental. Las raíces se han extendido tanto y son tan grandes que es posible que haya necesidad de tractores, de dinamita, y de mucho cavar y cortar. Eso es lo que ocurre cuando permitimos que persistan la amargura y otras malas actitudes. Es provechoso responder de inmediato. Cuando notamos que sentimos amargura hacia alguien, no debemos dejar que se ponga el sol sin haber tratado con nuestra amargura. Tenemos que arrancarla de nuestra vida antes que comience a extenderse y penetrar más profundamente.

No podemos vivir victoriosos si toleramos la amargura, la rebeldía, la independencia, el orgullo o la incredulidad. Con frecuencia oigo decir a algunos creyentes: "Bueno, supongo que soy un poco rebelde. No doy mi aprobación a nada sin primero ponerlo en tela de juicio." Esto pudiera sonar inofensivo y hasta pintoresco si no hubiera un diablo. Pero hay poderes que desean nuestra destrucción, y estas actitudes son una pendiente resbalosa que nos hacen caer en la derrota espiritual.

El diablo está apabullando a muchas de las personas que aconsejo; aunque sea un adversario derrotado. Estas personas han sido salvas por años y van camino al cielo, pero el enemigo está haciendo estragos en su vida, a veces a diario. Tienen problemas en su personalidad, en su matrimonio y en sus relaciones, porque han dado lugar al enemigo a través de las malas actitudes que no quieren cambiar. Esta no es la excepción entre los creyentes; es tan común como el caldo de pollo.

Cristo alcanzó una victoria total derramando su sangre en la cruz por nosotros. Pero no conoceremos esa victoria en nuestro andar diario si no tratamos con las malas actitudes del corazón. Dios no nos hace responsables de lo que no sabemos. Sin embargo, cuando él revela malas actitudes, tenemos que tratar con ellas rápida y completamente.

Escogiendo la humildad como un estilo de vida

> *Humillaos, pues, bajo la poderosa mano de Dios, para que él os exalte cuando fuere tiempo; echando toda vuestra ansiedad sobre él, porque él tiene cuidado de vosotros. Sed sobrios, y velad; porque vuestro adversario el diablo, como león rugiente, anda alrededor buscando a quien devorar; al cual resistid firmes en la fe, sabiendo que los mismos padecimientos se van cumpliendo en vuestros hermanos en todo el mundo (1 Pedro 5:6-9).*

Es tan importante tratar con las emociones negativas como con las malas actitudes. Las emociones no son malas. Dios tiene emociones y él nos dotó de ellas. Son un componente importante de la vida. Sin las emociones, viviríamos existencias apagadas y descoloridas. El diablo, no obstante, gusta de inspirar emociones negativas. El ejerce influencia sobre las emociones de la gente en un grado tremendo.

Primera Pedro 5:6-9 muestra la manera de tratar con las emociones y las actitudes. ¿Qué significa humillarse? Es elegir ser conocidos por lo que somos; ni más ni menos de lo que somos. ¿Y cuántas veces debemos humillarnos? Bueno, ¿cuántas veces nos bañamos? Tantas veces como lo necesitemos. Humillarse cuando haya necesidad de hacerlo es la clave para una vida perfecta.

La perfección cristiana es todavía un tema conflictivo en la iglesia de hoy. Algunos dicen: "Nadie es perfecto." Pero Jesús fue perfecto, y él vive en el corazón y la mente de todo creyente. La perfección bíblica no es de conducta. Nadie puede vivir sin hacer algo malo ocasionalmente. La Biblia habla de perfección en motivo y consagración. La perfección bíblica es consagración a la verdad. Si violamos la verdad, debemos estar comprometidos a rectificarla inmediatamente, humillándonos ante Dios y uno al otro, y arrepintiéndonos.

La perfección bíblica no quiere decir que nunca estaremos resentidos o enojados. Significa que cuando reconocemos estas cosas en nuestra vida, trataremos con ellas inmediatamente humillándonos. Humillarse debe ser un estilo de vida. Es decir sencillamente: "Lo siento, fui orgulloso. ¡Por favor, perdóneme!" Es tratar con lo que sea que aflore, tan pronto se asome.

Tenemos una promesa de Dios de que si nos humillamos, él nos exaltará. Sin embargo, si nos exaltamos, Dios ha prometido también que nos humillará (Mateo 23:12). Si no nos humillamos cuando debemos, nos estamos exaltando. Es mucho más fácil elegir la humildad como estilo de vida. Una humillación genuina es seguida siempre de una exaltación. Dios siempre cumple sus promesas y no debemos tener temor de ser humildes.

Anule las tres piedras angulares de Satanás

Cuando tratamos con las actitudes y las emociones se nos ordena también no preocuparnos, y echar toda nuestra ansiedad sobre Dios. La preocupación indica miedo e incredulidad. No podemos confiar en Dios y preocuparnos a la vez. Preocuparse es dudar de la buena voluntad de Dios y de su capacidad de cuidar de nosotros.

De los cientos de amonestaciones en la Biblia, estas dos, humillarse y no preocuparse, son esenciales en la guerra espiritual.

Muchos de nosotros estamos impresionados con el imponente y complejo reino de Satanás. El ocultismo, la brujería, las religiones y las filosofías orientales, el humanismo, la pornografía, las drogas, el asesinato y todo mal concebible son organizados por los poderes de las tinieblas. Este horrendo dominio de oscuridad ejerce influencia sobre todo el mundo, y puede ser abrumador para el creyente que no esté más impresionado de Dios y de su reino.

Dentro de esta enorme y compleja estructura de maldad hay tres piedras angulares que lo sujetan todo. Estas tres piedras angulares son el fundamento de todo lo que hace Satanás. Si no las permitimos en nuestra vida, habremos desarmado eficazmente a Satanás y anulado sus esfuerzos en nuestra vida. Estas son el orgullo, la incredulidad y el miedo. Todo lo que hace Satanás, su reino y su naturaleza enteros, emanan del orgullo, la incredulidad y el miedo. Nunca debieran tolerarse en la vida de los creyentes.

Nos ocupamos del orgullo humillándonos, y de la incredulidad y el miedo echando nuestra ansiedad sobre Dios.

Con sobriedad, pero capaces de sonreír

Pedro sigue implorándonos en 1 Pedro 5:8: "Sed sobrios." La sobriedad es igualada frecuentemente con no estar ebrios. Otra interpretación errónea es igualar la sobriedad con una expresión facial en particular.

Crecí asistiendo a una iglesia con un hombre que creía impropio sonreír los domingos. El afirmaba que los domingos eran días santos, no para frivolidades, sino para ser sobrios. A veces nos acompañaba para la comida dominical. Los niños lo observábamos para ver si alguna vez se olvidaba y sonreía, pero nunca violó su conciencia.

Cuando se trata de la guerra espiritual, ser sobrio significa estar constantemente consciente. Es no permitirse estar bajo la influencia de nada que nos impida estar conscientes de todo lo que nos rodea.

Si estuviésemos en el frente de batalla, donde las balas y los morteros volasen sobre nuestra cabeza, buscaríamos protección en una trinchera u hoyo de protección. La balas volarían sobre la trinchera y podríamos tener paz relativa detrás de los sacos de arena. Podríamos descansar siempre que recordásemos dónde estamos. Si olvidásemos por un segundo dónde estábamos, podríamos sacar la cabeza de la trinchera y ser muertos.

Mientras que estemos sobrios, siempre conscientes de dónde estamos, y de la potencial amenaza, podemos disfrutar de la vida a su plenitud, y confiar que el Espíritu Santo nos está guardando del peligro. El creyente puede disfrutar de la vida más que nadie. La vida es para gozarla. Pero en toda situación, en toda reunión social, en toda forma de diversión, y en toda conversación, debemos recordar dónde estamos. Estamos en el frente de una batalla real, donde no hay tiempo para entrar en calor o para pretender. Es de verdad.

El siguiente paso en 1 Pedro 5 es "velar". Tenemos que mantener los ojos abiertos, siempre vigilantes, para reconocer las obras del diablo.

Pedro dice, entonces, que seamos humildes, que no nos preocupemos, que seamos sobrios, y que estemos alertas, porque "vuestro adversario el diablo, como león rugiente, anda alrededor buscando a quien devorar". Con frecuencia olvidamos quién es en realidad nuestro adversario. No es un líder, un malhumorado compañero de trabajo o nuestra suegra. Nuestro adversario es el diablo. El es el adversario de cada creyente. Tendemos a pensar en los poderes de las tinieblas como en una fuerza nebulosa que se filtra en la vida de todo el mundo, pero que no ataca personalmente. No obstante, el asalto más certero de Satanás sobre los creyentes es contra el individuo, no contra la iglesia como un todo.

No tema el rugido

Este león rugiente busca devorar a los hijos de Dios, pero no lo puede hacer por causa del poder de Dios para guardar. El diablo lo sabe y, aunque no puede realmente devorar a los creyentes, los amedrenta con su rugido. Esto entorpece con frecuencia la eficiencia que un individuo pudiera haber tenido.

El rugido de un león, el poder de sus mandíbulas, y el filo de sus garras son espantosos. Es fácil responder emotivamente cuando se es confrontado por un poderoso rugido y la anticipación de la muerte. Pero si reaccionamos al rugido y nos apartamos de la obediencia a Dios, podemos permitir que el diablo nos derrote.

Satanás ruge y nosotros saltamos. Ruge y nos enojamos. Ruge y codiciamos. Ruge y nos deprimimos. Ruge y nos rebelamos. ¿Qué nos guía, el rugido del león o Dios?

Cambiamos de trabajo porque necesitamos más dinero. Nos casamos porque estamos solos. Nos mudamos porque queremos una casa más grande para tener más espacio para más cosas. Dejamos iglesias porque estamos enojados y molestos, o porque dudamos que lleguen a mejorar. ¿Dónde está la voz de Dios en estas decisiones? Si tomamos una decisión basados sólo en emociones, Dios no es nuestro guía. El rugido del león nos está guiando, y somos sacados por nuestro enojo, miedo y orgullo de un lugar de protección a un lugar donde el diablo pueda devorarnos, y lo hará. Si miramos a nuestro alrededor, veremos los bancos de la iglesia vacíos, o los puestos vacantes de los que se dejaron guiar por el rugido del león.

Satanás aprende rápidamente a discernir nuestras debilidades. Es su naturaleza tentar y atacar donde seamos más débiles. El continuará haciendo lo que le da resultados, una y otra vez para el resto de nuestra vida. Nos dirá que cuando él ruge, tenemos que responder. Nos dirá que eso es lo que somos y que no podemos hacer nada al respecto. Pero es mentira. Ninguna atadura es mayor que la capacidad de Cristo para liberarnos.

Dios quiere ser nuestro guía. El nos ama y sabe lo que es mejor para nosotros. Nos dio emociones, y quiere que estemos completos en ellas. Hemos de reír y cantar, divertirnos y emocionarnos. También afligirnos, llorar y lamentar. Nuestra vida está hecha para tener equilibrio emocional. Pero no debemos tomar las decisiones de la vida basados en estas emociones. Tenemos que ser guiados por Dios, no por nuestras emociones ni por el rugido del león.

Hay una filosofía humanista que dice: "Si te sientes bien, hazlo." Esta es una declaración egoísta, anti-Dios y anticristiana. Lo que sentimos no debiera tener nada que ver con nuestras decisiones. Sin embargo, lo que escogemos tendrá un efecto tremendo en la manera que nos sintamos. Debemos obedecer la verdad no importa cómo nos sintamos. Si obedecemos a Dios, el sentirse bien vendrá finalmente.

Dios quiere que todos plantemos firmes nuestros pies y digamos con absoluta determinación: "No me moveré, no importa cómo me sienta o qué quiera. No me importa cuán deprimido, humillado, quebrantado, herido, disgustado o desilusionado me encuentre; no me moveré de este punto hasta que Dios me diga claramente que me mueva."

Dios tiene que saber, y nosotros también debemos saber que no importa lo que suceda, le responderemos solamente a él. Aunque estemos sumidos en la desesperación, cuando hayamos sido injustamente tratados, cuando otros nos hayan fallado, y cuando todas nuestras emociones estén clamando que huyamos o renunciemos, debemos permanecer firmes y esperar en Dios. El no nos fallará. Debemos decir "no" a nosotros mismos y "sí" a Dios. Esta es la madurez espiritual. El diablo no aflojará hasta no ver esa determinación en nosotros.

La boca: La tercera zona crucial

Con frecuencia nosotros, que supuestamente debemos alentar a los hermanos y proclamar la verdad, permitimos que nuestra boca se convierta en arma de destrucción en manos del diablo. Muchas heridas profundas en la vida de los que aconsejo se pueden atribuir a comentarios hechos a ellos o respecto de ellos. Llevan heridas tan reales como las físicas, causadas por palabras habladas.

Las palabras pueden ser herramientas para vida o armas para muerte. Las palabras de la boca, combinadas con las actitudes del corazón, son portadoras de "poder de espíritu". Un sermón o mensaje que es ungido y lleva revelación, tiene poder de espíritu. Esas palabras y el corazón recto del orador, dan al Espíritu Santo la oportunidad de abrir las mentes y los corazones a su verdad. El poder para cambiar vidas viene mediante las palabras ungidas por el Espíritu.

Nuestras palabras pueden ser vehículos del Espíritu Santo para la verdad, la rectitud y la vida, o vehículos de Satanás para el engaño, la acusación y la muerte. Las palabras, al igual que la música, son un medio. Un medio no es moral ni inmoral, ni bueno ni malo.

La verdad de que las palabras tienen poder no es algo nuevo para muchos creyentes. Si alguien está enfermo al otro lado del país, creemos que un grupo de personas, a miles de kilómetros de distancia, puede ponerse de acuerdo en oración y afectar el cuerpo del enfermo. Creemos en el poder de la oración. Si las palabras no tienen poder, y si Dios hará de todos modos lo que hará, entonces sería mejor dejar de orar. Pero las palabras tienen poder con Dios, si oramos según su voluntad y de acuerdo con lo que él ha prometido.

¿De dónde vino esa frase?

Si podemos poner en libertad el poder sobrenatural para ayudar a alguien que está enfermo al otro lado del país, ¿qué clase de poder liberamos cuando nos reunimos para quejarnos y criticar? Cuando las palabras fluyen de un corazón egoísta o enjuiciador, nos inclinamos a pensar que realmente no estamos haciendo ningún daño. Pero las palabras son poderosas, y nuestra boca es una fuente de vida o de muerte. "La muerte y la vida están en poder de la lengua, y el que la ama comerá de sus frutos" (Proverbios 18:21). David oró: "Pon guarda a mi boca, oh Jehová; guarda la puerta de mis labios (Salmo 141:3). La oración de David debe ser la nuestra.

La importancia de guardar la boca se demuestra en la historia de Job. No quiere decir que debamos mantener silencio y reprimir todo nuestro dolor y enojo. En medio de increíble sufrimiento, Job mantuvo todo menos silencio. Sin embargo, la Biblia declara que Job no atribuyó a Dios despropósito alguno, ni pecó con sus labios (Job 1:22; 2:10). Esta es una declaración sorprendente, porque ciertamente Job no se mantuvo callado. El hizo preguntas a Dios a gran voz. Gritó: "¡No lo entiendo! Tú eres justo, así que ¿por qué me está pasando esto?" Y hasta: "¡Dios, vas a adquirir una mala reputación de esto!"

Sin embargo, con toda su franqueza, Job nunca pecó con sus labios. En las palabras de mi amigo, Tom Hallas, Job nunca fue "desleal al carácter de Dios". Satanás nunca ganó acceso a su vida, porque Job nunca pecó con sus labios.

¿Podría Dios decir lo mismo de nosotros, que nunca hemos pecado con nuestros labios? Cuando todo se nos viene encima, cuando estamos confundidos o sufriendo, ¿somos leales al carácter de Dios? ¿Somos cuidadosos con nuestros labios?

Disfrazando una fea progresión

Hay muchas maneras de pecar con nuestra boca, y Satanás se deleita en inspirar nuestras palabras. Sucede a menudo cuando nos reunimos con amigos. Comienza cuando alguno hace un *comentario* inocente acerca de alguien ausente. Los comentarios se vuelven *observaciones*, después las observaciones se hacen *preocupaciones*. Las preocupaciones se tornan en *críticas*, y las críticas en *acusaciones*. Claro que podemos disfrazar la fea progresión. Podemos disimular nuestras ásperas palabras en "palabras de amor":

"Realmente necesitamos orar por Juan porque . . . . "

"Comparto esto sólo para que sepan cómo orar por . . . . "

"No la juzgo, PERO . . . . "

"El es un líder maravilloso, PERO . . . . "

Santiago 3:10 dice: "De una misma boca proceden bendición y maldición." Podemos dejar salir bendiciones sobrenaturales de nuestra boca, o podemos cooperar con el ataque del enemigo contra la gente.

Nuestra boca puede derribar también lo que Dios está intentando edificar entre nosotros. Casi todo grupo tiene a alguien que está "ungido con incredulidad". Esta persona ve fallas e imposibilidades en todo proyecto y empresa. Puede ejercer influencia en todo el grupo, diciendo cosas negativas hasta que todos llegan a creer que "nunca dará resultado". Propagar reportes negativos, como hicieron los diez espías en Números capítulo 13, enoja a Dios porque estorba lo que él quisiera que su pueblo haga.

Hay poder en nuestra boca. Lo que hablamos tiene poder espiritual: negativo o positivo. Las palabras que brotan de nuestra boca nos contaminan a nosotros, y a otros. Debemos cuidar la boca. Se requiere de disciplina; la disciplina de mantener los labios apretados cuando nuestro corazón arde por decir lo que no debemos. "Pero lo que sale de la boca, del corazón sale; y esto contamina al hombre" (Mateo 15:18).

Si constantemente cuidamos nuestra mente, nuestro corazón y nuestra boca, negaremos al diablo el acceso a nuestra vida, y verdaderamente obtendremos la victoria. Estaremos listos para entrar en la ofensiva.

CAPITULO CINCO

Pasos hacia una buena condición espiritual

Diga el débil: Fuerte soy (Joel 3:10).

Ya hemos visto que la guerra espiritual es como la lucha grecoromana que obliga a los competidores a estar constantemente alertas. Hay otras semejanzas. Esta lucha exige un acondicionamiento físico, mental y emocional. En realidad, la lucha grecoromana requiere una mayor condición física que la mayoría de los deportes. De igual manera, la guerra espiritual requiere también un alto nivel de aptitud espiritual.

Fortaleceos en el Señor, y en el poder de su fuerza (Efesios 6:10).

Cuando la Biblia discute la guerra espiritual nos ordena sencillamente "fortalecernos". No dice que sólo después de años de ser creyentes podemos llegar a ser fuertes. Ni sugiere que seamos unos debiluchos que nunca podrán ser fuertes. Nos defraudamos a nosotros mismos con demasiada frecuencia, negando lo que somos y lo que Dios ha hecho por nosotros. Adquirimos nuestra teología de himnos como "Débil soy, mas fuerte es él". La Palabra de Dios dice "Diga el débil: Fuerte soy", y "Fortaleceos". Negamos esto cuando nosotros, que somos fuertes en el Señor, declaramos nuestra debilidad.

Un funcionario prominente del gobierno dijo públicamente hace poco que Jesús nos mandó hacer algunas cosas maravillosas, pero que, desde luego, nadie es capaz de hacerlas. Muchos creen que lo que la Biblia dice no es posible; que las metas de la Biblia son inalcanzables.

Esta actitud está en contradicción con la verdad. Está en oposición directa a la Palabra de Dios que dice que somos nuevas criaturas en Cristo Jesús. Sin embargo, ¿cuántos creyentes confesarán que son fuertes, humildes o santos?

¿Juega Dios cruelmente con nosotros?

¿Nos pedirá Dios algo que no se pueda hacer? ¿Nos ofrecerá alguna vez tres zapatos para decir que calcemos uno en cada pie? Me escandaliza saber que haya tantos que realmente vean el cristianismo de esa manera. Esta conjetura es como una zanahoria colgada frente a un asno. Nunca puede probar la zanahoria, pero trotará continuamente mientras cuelgue apenas fuera de alcance. ¿Juega Dios cruelmente con nosotros, o tenemos la capacidad de hacer lo que él nos pide, vivir de acuerdo con sus instrucciones?

El cristianismo no es sólo una creencia o una confesión, sino una vida. No hay principio bíblico al cual no podamos adherirnos, ningún mandamiento que no podamos obedecer, ni promesa más allá de nuestro alcance. Cuando la Biblia dice "Fortaleceos", podemos ser fuertes. Cuando la Biblia dice "Humillaos", podemos ser humildes. Cuando la Biblia dice "Sed santos", podemos ser santos.

No quiere decir que lo podamos hacer solos. El orgullo dice: "Soy fuerte en mí mismo." La gente que tiene este orgullo descubre pronto, en la dificultad, que necesita a Dios. El es nuestra fortaleza. Todo lo que somos, todo lo que tenemos, y todo lo que podemos hacer es debido a él.

Estamos en una guerra espiritual, y si no sabemos que podemos ser fuertes, viviremos en derrota continua. Qué tragedia es nunca alcanzar lo que Dios nos dice que podemos ser, por pensar que es imposible. Somos fuertes. No es un alarde. No es orgullo. Estar de acuerdo con la verdad de Dios es humildad. En Cristo somos fuertes.

Acondicionamiento espiritual

Todo atleta debe mantener su condición física corriendo, ejercitándose y entrenando con pesas. Pudiera ser fuerte, pero tiene que mantener su fuerza. Es importante también en la guerra espiritual mantenerse en buena condición.

Hay una serie de cosas que los creyentes podemos hacer para mantener nuestra fuerza. La primera es hablar con Dios y escucharlo. No quiere decir que la oración rutinaria y ritualista nos dé fuerzas. Las oraciones pudieran o no fortalecernos, pero hablar con Dios siempre lo hará. Nos hemos alejado de la conversación abierta y sincera con Dios. Las oraciones pudieran ser poco más que palabras, pero la conversación íntima con el Dios vivo nos trae vida y nos fortalece. Tenemos que estar en la presencia de Dios y hablar con él, conscientes de que él está interesado y escuchando. Entonces debemos estar igualmente dispuestos a escucharlo. La fuerza viene de estar en su presencia.

Segundo, debemos meditar en la Palabra de Dios. Al igual que la oración, esto debe ser más que un ejercicio religioso. Leer la Biblia pudiera fortalecernos o no, pero meditar en ella siempre lo hará. Al igual que todos nosotros, en ocasiones yo he leído varios capítulos de la Biblia, sólo para darme cuenta de que mi mente estaba en otra parte. No había absorbido un pizca de verdad. Es fácil leer la Biblia regularmente y pensar que hemos cumplido con los requisitos. Pero, ¿qué se ha logrado si no hemos meditado, entendido, creído y recibido la Palabra de Dios? No hemos hecho nada más que una actividad religiosa.

Algunos de nosotros hemos sido expuestos a miles de sermones y versículos de la Biblia. Si algunos de ellos han hecho una diferencia en nuestra vida es sólo porque hemos tomado el tiempo para meditar en ellos y explorar sus inferencias. Los versículos que sólo leemos no tienen ningún significado real en nuestra vida.

Yo tengo una estrategia que me ha ayudado a meditar en la Palabra de Dios. Cada vez que oigo un sermón o leo la Biblia, me imagino que alguien me señala con el dedo y me exige: "Dime lo que acabas de aprender." Eso me obliga a reflexionar y a veces a regresar a la Biblia para meditar, así como para leer.

Ser abiertos nos fortalece

Otra cosa que debemos hacer para fortalecernos es tener comunión. Al igual que la lectura de la Biblia, ésta puede ser también nada más que actividad religiosa. Todos hemos ido a la iglesia, estrechado manos, palmeado espaldas y dispensado sonrisas, abrazos y saludos sin nunca haber sido fortalecidos. La idea de tener comunión no es sólo para celebrar una reunión, sino para promover la relación con quienes tenemos más cosas en común: nuestros hermanos y hermanas en Cristo.

Ir a la iglesia pudiera fortalecernos o no, pero la verdadera comunión siempre lo hará. La comunión comienza con ser accesibles y sinceros. Relacionarnos unos con otros en humildad nos fortalece. El orgullo, la independencia y excluir a otros de nuestra vida nunca nos fortalecerá, no importa a cuántas reuniones asistamos. Podemos hallarnos en medio de la gente y todavía escondernos. Pero cuando bajamos las defensas en el lugar conveniente, en el tiempo oportuno, en la cantidad adecuada, con la gente apropiada, podemos unirnos en verdadera comunión. Esto es ser responsables y accesibles.

> *Antes exhortaos los unos a los otros cada día, entre tanto que se dice: Hoy; para que ninguno de vosotros se endurezca por el engaño del pecado (Hebreos 3:13).*

La verdadera comunión incluye la exhortación. Tenemos una responsabilidad de exhortarnos y guardarnos uno al otro de la dureza de corazón. Necesitamos estar involucrados e interesados, exhortándonos diariamente unos a otros a mayor fe, amor y obediencia. Esto requiere compromiso uno con el otro, y la buena voluntad de considerar el bienestar de los demás como parte esencial de nuestro andar con Dios (1 Tesalonicenses 2:11; 5:11).

Quizás la iglesia necesite ser menos ceremoniosa y más como un grupo de apoyo. Dios nunca pretendió que viviésemos nuestro cristianismo solos, sin el apoyo de otros. Somos parte de la familia de Dios. Tenemos hermanos y hermanas que nos aman y quieren apoyarnos en nuestras luchas y tribulaciones. Y debemos hacer lo mismo por ellos.

Orando en el Espíritu

> *Estos son los que causan divisiones; los sensuales, que no tienen al Espíritu. Pero vosotros, amados, edificándoos sobre vuestra santísima fe, orando en el Espíritu Santo . . . (Judas 19, 20).*

Otro medio para el acondicionamiento espiritual es orar en el Espíritu: hablar en lenguas. "El que habla en lengua extraña, a sí mismo se edifica . . . " (1 Corintios 14:4). Sea que uno crea o no en hablar en lenguas, la Biblia es bien clara acerca de una de las muchas cosas que esto hace para el creyente: Orar en el Espíritu Santo edifica y fortalece el ser interior.

Somos fortalecidos también cuando adoramos; no quiere decir que sólo adoremos por lo que pueda hacer por nosotros. Adoramos por amor a Dios. No obstante, la verdadera adoración siempre nos fortalecerá; cantar, alabar en voz alta y levantar las manos pudiera fortalecernos o no. Con frecuencia confundimos la adoración que sale del corazón con la acción que pudiera ser algo más que ritual religioso. La adoración verdadera es venir ante el trono de Dios con una consciencia limpia y postrarnos ante él. Es contacto verdadero con Dios.

Hasta los bebés pueden ser fuertes

Estas son algunas de las cosas que nos ayudarán a mantener nuestra fuerza. ¿Por qué necesitamos ser fuertes? Porque hay un diablo que hace presa de los débiles y de los que se creen débiles. Necesitamos ser fuertes, porque la Biblia dice que seamos fuertes. Necesitamos ser fuertes, porque la fuerza es una parte esencial de nuestra relación con Dios. Ser fuertes es conocer a Dios, amar a Dios, hablar con él, oír su voz, adorarlo y confiadamente estar firmes con él en victoria.

Hemos enseñado sin querer que somos débiles y que los creyentes nuevos, los bebés en Cristo, son débiles. Esta idea no se encuentra en la Biblia. Los creyentes nuevos no son menos débiles que los viejos. El término "bebé" o "creyente nuevo" debiera denotar solamente un nivel de madurez o de experiencia acumulada, no de impotencia o de imposibilitación.

Hay muchas cosas que no sabemos. Todavía estamos creciendo y en continua necesidad de ser transformados a semejanza de Cristo. Nuestro carácter es perfeccionado continuamente. Pero en él no somos débiles. Somos fortalecidos con su fuerza, y debemos estar firmes en confianza y fortaleza contra el enemigo. "Tenemos entrada por la fe a esta gracia en la cual estamos firmes" (Romanos 5:2).

Aprenda las "llaves" o presas

Otra certeza en el deporte de la lucha greco-romana, y también acerca de nuestra batalla, es que necesitamos conocer las llaves o presas. Las contiendas en la lucha se ganan no sólo con fuerza, sino también como resultado directo del conocimiento. Si un luchador campeón en la clase de mi peso me retara a un combate, él sin duda ganaría debido a su conocimiento de las llaves en la lucha. Cuando comenzó a luchar, adquirir conocimiento fue una parte importante de su entrenamiento. No le sería permitido detenerse en medio de un combate para consultar con un libro de lucha. Su conocimiento de los movimientos y las llaves en la lucha tuvieron que convertirse de antemano en segunda naturaleza para él.

Esto es igualmente cierto en la guerra espiritual. Somos verdaderamente fuertes, pero hay ciertas cosas básicas que tenemos que saber. Tenemos que saber las llaves o presas de la guerra espiritual.

Hemos visto que la guerra espiritual y la lucha son constantes. Esto ha molestado a algunos en las sesiones que he enseñado. Cuando digo que la guerra espiritual es incesante y que nadie está eximido, encuentro reacciones comunes. Algunos me han dicho: "¡Espera un minuto, Dean! A mí me enseñaron el reposo de la fe. Me enseñaron a no luchar ni esforzarme. Me dijeron: 'No batalles, reposa', y 'No es vuestra la guerra, sino de Dios'." Algunas personas ven una contradicción, pero no hay aquí discrepancia real. Podemos reposar aún en la batalla continua. El secreto es conocer las llaves.

Si un luchador campeón tuviera realmente que luchar conmigo, probablemente ni se quitaría la chaqueta. La contienda conmigo sería rápida y sin dolor (para él), y no agotaría nada de su fuerza. Acabaría conmigo en segundos, sin siquiera sudar. No necesitaría una ducha después, ni sentiría amenazada su corona de luchador. Su victoria estaría asegurada antes de que comenzara la pelea, y requeriría poca meditación o esfuerzo de su parte. Estaría en reposo antes y después, si no durante el encuentro.

Reposo durante la batalla

Es cierto que la batalla es constante. No reconocerlo es vivir en derrota continua. Los creyentes necesitan saber que nunca hay un minuto de nuestra vida cuando la batalla no esté ocurriendo. No obstante, si andamos fortalecidos y conocemos las llaves, la batalla no será un gran impedimento. Podemos caminar cada día completamente seguros, capaces de enfrentar cada crisis, circunstancia o ataque del enemigo cuando se presente. Es constante, pero podemos descansar en nuestra fuerza, dependiendo de Dios.

El reposo de la fe no significa inactividad espiritual, que nada va a pasar, y que no necesitamos responder. "No es vuestra la guerra, sino de Dios", no significa que podamos pasar la vida pasivamente viendo televisión mientras Dios combate los poderes de las tinieblas por nosotros. En 2 Crónicas 20: "No es vuestra la guerra, sino de Dios", es seguido por "mañana descenderéis contra ellos". Somos responsables de combatir al diablo con la fuerza de Dios y, si somos fuertes y conocemos las llaves, no es un peso enorme sino una rutina de disciplina en la que podemos descansar.

> *Porque también para este fin os escribí . . . para que Satanás no gane ventaja alguna sobre nosotros; pues no ignoramos sus maquinaciones (2 Corintios 2:9-11).*

Pablo dijo: "Pues no ignoramos sus maquinaciones (las del diablo)." El problema es que demasiados de nosotros ignoramos. Se nos ha enseñado a no saber las maquinaciones del diablo, a hacer caso omiso de él, y a interpretar erradamente el "reposo de la fe" como pasividad.

Podemos aprender a reconocer las maquinaciones de Satanás. En toda situación, podemos descubrir lo que es del diablo y enfrentarlo. Podemos reconocer sus maquinaciones para destruir nuestro matrimonio, estorbar nuestras relaciones o arrastrarnos a la depresión. Reconocer las maquinaciones del diablo es conocer las llaves. Comienza conociendo las llaves del enemigo y termina con una contrallave que acabará rápidamente la lucha.

Las maquinaciones del enemigo fallan cuando las reconocemos. Sólo reconocerlas nos da la victoria. El ataca nuestra ignorancia y nuestra debilidad, pero fracasa cuando es confrontado con nuestra fuerza y el conocimiento de sus maquinaciones.

Los secretos de Dios nos ayudan a triunfar

> *Sin embargo, hablamos sabiduría entre los que han alcanzado madurez; y sabiduría, no de este siglo, ni de los príncipes de este siglo, que perecen. Mas hablamos sabiduría de Dios en misterio, la sabiduría oculta, la cual Dios predestinó antes de los siglos para nuestra gloria, la que ninguno de los príncipes de este siglo conoció; porque si la hubieran conocido, nunca habrían crucificado al Señor de gloria (1 Corintios 2:6-8).*

Hay una sabiduría que está oculta de los poderes de las tinieblas, pero accesible para nosotros si somos humildes delante de Dios. Esta sabiduría, dice el escritor de Hebreos, es para los maduros. Hebreos 5:14 dice: " . . . para los que por el uso tienen los sentidos ejercitados en el discernimiento del bien y del mal." La sabiduría secreta de Dios es para los que están aprendiendo a reconocer las estratagemas del diablo. Podemos entrenarnos para reconocer las insidias del diablo, para saber determinar lo que es del diablo y lo que es de Dios. La sabiduría de Dios nos ayudará a discernir y a reconocer las obras del enemigo en nuestra vida y en el mundo que nos rodea. Si esperamos en Dios, conoceremos las llaves. Reconoceremos la conspiración del enemigo contra nosotros. Podremos responder inmediatamente diciendo: "Yo sé a lo que el diablo me quiere llevar. No lo haré. No cederé a la depresión. No me uniré a la crítica. No me enojaré con mi esposa. No me involucraré en esta relación ilícita." Podemos ver venir sus intrigas y no ceder. Si conocemos las llaves, podemos contraatacar, y la guerra espiritual se convertirá en una rutina tan cómoda como una ducha diaria.

No apunte sus cañones en la dirección equivocada

> *Porque no tenemos lucha contra sangre y carne, sino contra principados, contra potestades, contra los gobernadores de las tinieblas de este siglo, contra huestes espirituales de maldad en las regiones celestes (Efesios 6:12).*

Casi todos los sermones en Efesios 6:12 se concentran en lo que es nuestra batalla y contra quién es. Nuestra batalla es contra principados, potestades, gobernadores de este siglo y huestes espirituales. No obstante, una verdad de igual importancia en este versículo es *lo que nuestra lucha no es* y *contra quién no es.* Nuestra lucha no es contra sangre y carne. Tenemos la tendencia de olvidarlo. Por siglos, la iglesia cristiana ha dejado de seguir la directiva más importante en la guerra espiritual: nunca luches contra sangre y carne.

Me encuentro muchas veces con gente que no quiere saber nada con la guerra espiritual. Piensa que es fantasmagórico y extraño oponerse y reprender al enemigo. Pudiera ser que muchos se muestren renuentes para pelear contra Satanás, pero todos somos expertos cuando la batalla es con la gente. Todo el mundo ha defendido enfadado, en una ocasión u otra, su posición, o ha criticado, reprendido, ofendido o condenado a otros. Son muy pocos los que no han luchado contra sangre y carne.

El único problema es que la Biblia prohíbe luchar contra sangre y carne. Dice que bajo ninguna circunstancia, en ningún tiempo, por ninguna razón, debemos luchar contra sangre y carne.

La razón por la cual un diablo derrotado ha vencido a una supuestamente victoriosa iglesia es porque siempre estamos peleando unos contra otros. Hemos desperdiciado multitud de horas criticando a otras denominaciones, predicando sermones y escribiendo libros unos contra otros, y hemos perdido la verdadera batalla. Nunca ha sido, ni nunca será, una actividad cristiana escribir libros y artículos o pronunciar discursos contra otros creyentes. Nos enfrascamos en salvajes controversias teológicas que ningún lado ganará jamás. El diablo se debe estar riendo, porque él es el único victorioso.

Lo peor es que no estamos luchando contra el que causa estos problemas. Mientras luchamos contra nuestros líderes porque no hacen lo que queremos, contra nuestros hermanos porque creen diferente, y contra nuestros colaboradores, Satanás anda libre y sin coto en la tierra. Y es culpa nuestra.

Tener la razón, pero no agradar a Dios

Esa es la historia de la iglesia. Las Cruzadas, la Inquisición, la quema de "herejes" en la hoguera, las persecuciones y las divisiones, todas han sido llevadas a cabo en el nombre de Dios, de Jesucristo y de la guerra espiritual. Tenemos que entender que nunca debemos pelear contra la gente. Podemos ganar la discusión y todavía perder. Podemos tener la razón, y sin embargo estar errados en nuestra actitud. Aunque tengamos la doctrina correcta, damos entrada al enemigo si dañamos a la gente cuando la defendemos. Está bien debatir asuntos, pero no a la gente detrás de los asuntos. Jamás podemos ganar si luchamos contra otros seres humanos.

Pudiera ser difícil de aceptar, pero los fariseos tenían la razón. Ellos entendían las Escrituras completamente. Sus declaraciones doctrinales estaban en orden. Sabían cómo ser buenos judíos. En su tiempo, eran los que creían en la Biblia, estaban comprometidos a la obediencia intransigente de la Palabra de Dios. Sin embargo, estaban tan orgullosos de su justicia que no reconocieron a Dios en forma humana. Jesús anduvo ante ellos, habló con ellos y los reprendió, pero no lo pudieron ver porque estaban demasiado orgullosos de tener la razón. Los fariseos crucificaron al mismo Dios mientras defendían la piedad y la rectitud.

Todas nuestras luchas contra unos y otros, nuestras batallas carnales desde el comienzo de la historia hasta hoy, sólo han fortalecido el control de Satanás en la tierra sobre los perdidos, y sobre el pueblo de Dios. Nuestro orgullo nos ha metido en una lucha en la que cualquier participación significa la derrota. No debemos luchar contra sangre y carne. Si peleamos contra la gente, no podemos pelear contra el enemigo.

Hay un clisé que dice: "Está tan absorto en lo celestial, que no sirve para lo terrenal." Es cierto. Alguna gente puede ser tan excesivamente espiritual que no puede ser práctica o responsable. Pero quizás sea tiempo para un clisé nuevo: "Tenemos una manera de pensar tan terrenal, que no servimos para lo celestial."

Hay dos dimensiones: la terrenal y la celestial. La terrenal es la que podemos ver y tocar, el dominio de lo físico. La dimensión celestial es el mundo invisible, donde se libra la verdadera lucha. A toda hora, todos los días, mientras dormimos, comemos, vemos televisión, besamos a nuestra esposa, se libra una batalla constante en los lugares celestes, una batalla que ha rugido por siglos. Comenzó antes que naciéramos y continuará después que muramos. La lucha es sobre los asuntos de los hombres en la tierra. Es entre las fuerzas de las tinieblas y las fuerzas de la luz.

Podemos tener una mentalidad tan terrenal, luchando en la dimensión terrenal, que no servimos para la lucha celestial. Disparamos nuestros cañones en la dirección equivocada. Si no luchamos en los lugares celestiales, lo haremos en los terrenales. Si no batallamos con los poderes de las tinieblas, pelearemos con la gente. Hay algo dentro de nosotros que se indigna con la injusticia, algo que se levanta en protesta contra la mala acción. Si no trasladamos eso a los lugares celestiales, resistiendo al enemigo y orando por un cambio, pelearemos con la gente. Debemos combatir los problemas de la sociedad, pero no a la gente. Pelear con la gente nunca avanza el reino de Dios, no importa lo correcto de nuestra posición. El reino de Dios avanza por medio de Dios y su respuesta a nuestras oraciones, y por medio de nuestras acciones dirigidas por el Espíritu Santo.

¿Puede Dios hacerse cargo de todo esto?

Las palabras de un himno famoso lo dicen mejor que yo:

Si vivimos desprovistos de paz, gozo y santo amor, esto es porque no llevamos todo a Dios en oración.

Si realmente creemos que el Espíritu Santo puede hablar al corazón de la gente, y que tiene un nivel de influencia mucho más alto que el nuestro, ¿no debiéramos de llevarlo todo, toda preocupación, toda observación a él? Es lamentable, pero con frecuencia venimos a Dios después que hemos fracasado en nuestros intentos y dejado un rastro de corazones abrumados y heridos. Y constantemente, estamos convencidos de que tenemos la razón.

¿Es nuestro primer impulso orar, o creemos que somos más capaces, más persuasivos que el Espíritu Santo? ¿Podemos tratar con la gente mejor que Dios? ¿Podemos enderezar a nuestros hijos, corregir a nuestro esposo o esposa, disciplinar a nuestros seguidores, reprender a nuestros líderes y remediar todo conflicto más fácilmente que el Espíritu de Dios? ¿Estamos seguros de que Dios está tan interesado y es tan capaz como nosotros? Toda acción de nuestra parte que trate con la gente antes de orar e interceder de corazón, nace de un inmenso orgullo. Creemos que podemos manejar las cosas mejor que Dios.

Dios ama a la gente muchísimo más que nosotros y también es muchísimo más capaz que nosotros para ejercer influencia en el corazón de las personas. Si realmente creyéramos esto, ¿no estaríamos en constante oración los unos por los otros?

Cinco cosas para recordar

1. Debemos orar antes de actuar.

Aun en situaciones donde tengamos responsabilidad como pastores, líderes o padres, siempre debiéramos orar primero. Como padre, tengo la responsabilidad de corregir y disciplinar a mis hijos, pero necesito orar antes de actuar. Como líderes, a veces necesitamos reprender, pero debemos dar a Dios la primera oportunidad mediante la oración. No se trata de no hacer nada y de que Dios lo haga todo. Oramos primero, dando a Dios una oportunidad de ministrar en la situación y mantener las relaciones. Dios puede actuar directamente en la situación o darnos sabiduría para saber responder.

2. Debemos resistir al enemigo y asumir autoridad sobre él.

El problema no es la persona, sino los poderes de las tinieblas que aprovechan toda situación, multiplican el conflicto, estorban la reconciliación y destruyen las relaciones. Debiéramos enfrentar toda situación con una resistencia deliberada contra el diablo. Debiéramos decir: "Satanás, te reprendo. No tendrás mi matrimonio, mis hijos, mi amigo, mi líder. Te resisto y te ato en el nombre de Jesús." Podemos detener al enemigo para que no impida la obra de Dios en las vidas de los que nos rodean.

3. En vez de luchar contra sangre y carne cuando somos reprendidos, podemos juzgar sinceramente si en ello hay algo de verdad.

Toda reprensión, toda crítica y toda acusación debieran ser tomadas en cuenta con humildad. Pudieran ser total o parcialmente ciertas.

Cuando consideramos las posibilidades de que pudiéramos estar equivocados, somos accesibles al ministerio de otros en nuestra vida. Esto es actuar con humildad. Así se empieza a librar la guerra espiritual.

El orgullo ha incapacitado a la iglesia por siglos: "Yo tengo la razón y los otros no. Yo sé; tú no." Por lo general estamos más equivocados de lo que nos gusta admitir. Pero aunque tengamos la razón y realmente sepamos la verdad, debemos estar abiertos y dispuestos a examinar el contenido de lo que nos dicen los demás. Aunque algo de lo que nos digan sea falso, no tenemos por qué estar a la defensiva, y no tenemos que pelear con la gente. Si hay verdad en lo que dicen, es una oportunidad para arrepentirnos, hacer restitución y llegar a ser más como Jesús.

4. Jamás debemos perder la fe o caer bajo condenación.

Las palabras de la gente, con razón o sin ella, no debieran hacernos titubear en nuestra fe en la Palabra de Dios, en nuestra confianza de la salvación, o en nuestra fuerza y madurez. Cuando otros están en desacuerdo con nosotros, podemos quedar emocionalmente incapacitados. La crítica es tan áspera que flaqueamos ante nuestros acusadores y convenimos con lo que sea que digan. Si la crítica viene de parte de los líderes, tendemos a someternos a sus afirmaciones. Dudamos de nosotros mismos. Dudamos de lo que siempre hemos creído que es la verdad, y hasta podemos dudar de Dios. Decimos: "Ellos deben tener razón. Quizás yo esté equivocado. Siempre estoy equivocado. No sé qué creer." Perdemos la fe.

Usted debe llevar a Dios en oración la palabra que ellos dicen que viene de él. Si con humildad y franqueza hacemos todo lo que debemos ante Dios, y él no confirma que la palabra sea suya, al llegar a ese punto, podemos rechazar lo que dicen con toda confianza. Podemos dejar lo que dicen con Dios. Nunca tenemos por qué perder la confianza, sino que debemos permanecer fuertes en nuestra fe.

5. Debemos mantener buenas relaciones a todo costo.

Proverbios 18:19 dice: "El hermano ofendido es más tenaz que una ciudad fuerte, y las contiendas de los hermanos son como cerrojos de alcázar." Si peleamos con la gente no tomamos en serio la guerra espiritual. Si permitimos que las relaciones se perjudiquen, que las doctrinas nos dividan y que los problemas de la gente echen raíces en nuestra vida, no estamos edificando el reino de Dios, ni derribando el reino de Satanás. En realidad estamos estorbando el reino de Dios y ayudando al reino de las tinieblas.

La manera correcta de enojarse

Necesitamos usar lo que Dios nos ha dado para la batalla en el lugar correcto y contra el enemigo verdadero. ¿Por qué nos ha capacitado Dios con la habilidad de criticar, de enojarnos y de discutir? Para que podamos enojarnos respecto al pecado y el diablo, dando libertad a nuestro enojo en la oración y resistiendo firmes al enemigo. El enojo puede ser pecado cuando egoísta y orgullosamente lo dirigimos hacia la gente. Pero recuerde, Dios se enoja, pero nunca peca. Su enojo nunca está egoístamente motivado y nunca procede del orgullo. El se enoja por las razones correctas, y usa su enojo de una manera correcta. Nosotros, por otra parte, nos enojamos cuando nuestro orgullo es herido, o cuando somos obstaculizados en nuestros intentos egoístas.

Si sólo pudiésemos redirigir nuestro combate hacia los poderes de las tinieblas. Si pudiésemos aprovechar nuestras emociones y energías, que gastamos peleando unos con otros, y dirigirlas hacia el verdadero enemigo, veríamos un gran cambio. Veríamos el colapso total de un imperio satánico que por demasiado tiempo hemos permitido que exista. Si cada uno de nosotros determinara nunca pelear contra otro ser humano mientras viva, Satanás temblaría. Le haríamos a él lo que nos hemos hecho los unos a los otros durante siglos. Nos daríamos cuenta de la verdad: Nuestra lucha no es contra sangre y carne.

CAPITULO SEIS

El terreno invisible

Era un día bochornoso en Horse Camp, una aldea de residentes ilegales en Papua Nueva Guinea. Yo estaba sentado con mi intérprete en una choza hecha de pedazos de lata y madera, tratando de explicar a una señora la realidad del mundo espiritual.

—Ah, ¿usted quiere decir ____? —dijo ella.

El intérprete explicó que ella había usado la palabra *Kiwai* para demonio.

—Ah, sí —asintió ella con la cabeza—. Había tres en mi casa esta mañana. Tome, hice este dibujo de ellos.

Me pasó un papel con figuras de seres horribles medio humanos, medio animales.

Aprendí ese día en Horse Camp, y desde entonces en muchos otros lugares de Asia, el Pacífico y Africa, que no tenía que convencer a la gente de la realidad del mundo de los espíritus. Ellos viven conscientes de él todos los días, viendo con frecuencia a espíritus malignos a simple vista. Y ahora, hasta en los Estados Unidos, tenemos a personas célebres y a personajes públicos escuchando a espíritus guías y buscando canalizadores cuyas voces cambian cuando hablan de cosas antiguas.

No obstante, la mayor parte de los que viven en los países occidentales consideran el mundo invisible como fantástico. Los occidentales lo sitúan en la misma categoría de Supermán, el ratón Mickey y el Hobbit. Quizás pensemos que sea real, pero no tanto como el mundo que tocamos, vemos, olemos, en el que compramos y vendemos. En vez de visible e invisible, pensamos de estas dos dimensiones como la real y la irreal.

Aun como creyentes pudiéramos admitir que esta dimensión existe pero vemos muy poca conexión con ella. Pensamos que no podemos en realidad conocer lo invisible, que hay una pared que divide y nos separa de un mundo transparente, al estilo de Gasparín, el fantasma amistoso. Nuestros pies están sobre tierra sólida, y el otro mundo parece menos substancial. Lo invisible es identificado con las personas supersticiosas, místicas o extrañas.

Sin embargo, es esencial que nos familiaricemos bien con el reino invisible. Debido a que nuestra lucha es en los lugares celestiales, no debemos permitir que los intereses terrenales nos impidan andar conscientes de ello. El mundo oculto afecta toda las facetas de nuestra vida.

El mundo invisible es realmente menos frágil

El mundo invisible es tan substancial como el mundo que vemos. En realidad, es más permanente y menos frágil. Si un dispositivo nuclear explotase directamente sobre el lugar donde usted trabaja o vive, los edificios, el mobiliario, la madera, el concreto y todas las cosas sólidas alrededor de usted serían completamente pulverizadas. No obstante, el mundo invisible del que habla la Biblia quedaría ileso. Existía antes que el concreto y la madera, y continuará existiendo mucho después que éstos hayan desaparecido.

El apóstol Pedro se dio cuenta de esto. El dijo: "Pero el día del Señor vendrá como ladrón en la noche; en el cual los cielos pasarán con grande estruendo, y los elementos ardiendo serán deshechos, y la tierra y las obras que en ella hay serán quemadas. Puesto que todas estas cosas han de ser deshechas, ¡cómo no debéis vosotros andar en santa y piadosa manera de vivir!" (2 Pedro 3:10, 11).

Es necesario invertir más tiempo y energía en el mundo invisible. Creo que sería correcto y maduro que todos nosotros nos hiciéramos dos preguntas importantes todos los días:

"¿De qué manera afectan mis actitudes y actividades al mundo invisible hoy?" y,
"¿De qué manera me afecta en este momento el mundo invisible?"

Si nos formulásemos estas dos preguntas, aumentaríamos grandemente nuestra eficacia como guerreros espirituales. No son fáciles de plantear, porque nos inclinamos a desconocer lo que no podemos ver. Pero nosotros, los creyentes, tenemos un punto de referencia y guía absolutos de la dimensión espiritual que es la Biblia. Es un historial de los acontecimientos del mundo invisible. Al leerla comprobamos la existencia de los lugares celestiales.

Podríamos comparar la existencia del mundo invisible con el mundo microscópico. Aunque nuestros sentidos no están capacitados para ver los miles de millones de animalitos microscópicos alrededor de nosotros, están ahí. Otros ejemplos se me ocurren: la música y los cuadros a colores que no podemos ver, flotan alrededor de nosotros continuamente. Es sólo con una radio y un televisor que podemos captarlos. Hay mundos dentro de mundos. Los que no podemos ver, oír o tocar son tan reales como los que sí podemos. Si alguien negase hoy la existencia de las ondas de radio, los gases o los gérmenes, porque son invisibles, pensaríamos que no está informado o sencillamente que está loco.

Los habitantes principales del mundo invisible son los ángeles. Necesitamos meditar en la realidad de esta verdad. Hay ángeles en todo nuestro alrededor. En mis viajes a diferentes iglesias y grupos, oigo acerca de las experiencias que la gente ha tenido con los demonios, pero no lo suficiente acerca de los grandes aliados angélicos en nuestra lucha.

Todo el mundo debe aceptar la realidad de los ángeles, inclusive darla por sentado. Por ejemplo, si yo digo que hay muchas sillas en mi casa, usted no me consideraría un místico. Usted podría venir a visitarme y verlas. No le sería difícil estar de acuerdo conmigo. Pero si le digo que hay ángeles a su alrededor ahora mismo, estaría menos seguro, menos dispuesto a reconocerlo. Como creyente, quizás usted diga: "Bueno, pienso que sí. Espero que sí. Probablemente los haya." Pero necesitamos llegar al punto de estar absolutamente convencidos de su realidad. Necesitamos reconocer su existencia tan fácilmente como reconocemos las sillas en una habitación.

¿Podemos confiar en la Biblia tanto como en nuestros ojos?

Estamos dispuestos a creer en la existencia de sillas en oposición a ángeles porque podemos verlas y tocarlas. Confiamos en nuestros ojos y en los otros sentidos para percibir las cosas como son. Sin embargo, nuestros ojos no siempre son dignos de fiar. Todos hemos estado en lugares muy oscuros donde imaginamos que las sombras y los objetos indistinguibles son algo que no son. La gente ve espejismos en el desierto. Los ojos somnolientos ven moverse cosas estáticas.

¿Creemos que la Biblia es por lo menos tan digna de fiar como nuestros sentidos? Nuestros ojos son generalmente dignos de fiar. La Biblia, por otra parte, siempre es digna de fiar. Si estoy convencido cuando veo sillas que son reales, ¿cuánto más debiera estar convencido cuando la Biblia dice: "El ángel de Jehová acampa alrededor de los que le temen" (Salmo 34:7)?

Algunos preguntarán si es real, o sólo una metáfora poética de David acerca de la protección de Dios. Podría ser una metáfora si ésta fuese la única mención de ángeles en la Biblia. Pero otros pasajes dejan bien claro que los ángeles son una realidad de la vida, enviados por Dios, rodeándonos y activos en favor de nosotros. La Biblia es tan clara en su declaración de los ángeles y su papel, como lo es acerca de la salvación, la expiación, la divinidad de Cristo y muchos otros puntos sobre los que fundamentamos nuestra supervivencia espiritual. Tenemos que reconocer el mundo invisible con la misma certeza que a las otras verdades de la Biblia.

¿Por qué son importantes los ángeles para nosotros? Porque cuando recibimos la salvación entramos en la dimensión de los ángeles. "Os habéis acercado al monte de Sion, a la ciudad del Dios vivo, Jerusalén la celestial, a la compañía de muchos millares de ángeles" (Hebreos 12:22). La salvación trae consigo un conjunto de bendiciones. Hemos sido perdonados de nuestros pecados. Hemos sido hechos nuevas criaturas. Lo viejo ha pasado. Tenemos un hogar celestial. Somos hijos e hijas del Dios vivo. Y estamos rodeados de muchos millares de ángeles cada minuto de nuestra vida. ¿Cuántos de nosotros pasamos un día seguros en esa verdad? Hay ángeles que están en todo nuestro derredor tan cierta y concretamente como el suelo que pisamos. No es místico, antinatural o extraño. Es real.

Pero ¿qué hacen los ángeles todo el día?

¿Qué hacen alrededor de nosotros estos innumerables seres invisibles? ¿Estarán sentados sobre nubes, tocando arpas y batiendo sus alas? No es eso lo que dice la Biblia. Hebreos 1:14 dice: "¿No son todos espíritus ministradores, enviados para servicio a favor de los que serán herederos de la salvación?" Están ocupados sirviendo a los herederos de la salvación; es decir, a todo creyente.

¿Cuántas veces ha dado gracias a Dios por el ministerio de los ángeles en su favor? Pocos lo hacemos jamás. Es un pecado horrible murmurar, quejarse y ser desagradecidos. Piense hasta el punto en que Dios ha provisto para nosotros. ¿Cómo podemos ser malagradecidos y quejarnos, sabiendo que Dios ha desplegado a ángeles que constantemente nos cuidan? A menudo medimos la provisión y el interés de Dios por lo que vemos y tenemos, no pensando en su tremenda bondad y generosidad en la dimensión celestial.

> *Pues a sus ángeles mandará acerca de ti, que te guarden en todos tus caminos. En las manos te llevarán, para que tu pie no tropiece en piedra (Salmo 91:11, 12).*

Yo me he preguntado muchas veces si Dios nos enseñará una cinta de video de nuestra vida cuando lleguemos al cielo. Sería interesante verla, no sólo desde el lugar que ocupa el mundo visible, sino también el invisible. Me imagino que nos veríamos andando en la vida con ángeles por todos lados, protegiéndonos de que nos hagan mal, escudándonos de ataques y ayudándonos en nuestros esfuerzos para servir a Dios. Además de ellos, el Espíritu Santo estaría ahí, ayudándonos e influyendo en nosotros. Estoy absolutamente convencido de que tal presentación revelaría que fuimos salvados del desastre miles de veces. ¿Mostraría también que estábamos agradecidos y contentos? O ¿estaríamos quejándonos constantemente mientras el Espíritu Santo y los ángeles de Dios hacían todo lo que podían para ayudarnos?

Los ángeles son una parte de nuestra vida y, con corazones agradecidos, debiéramos estar constantemente conscientes de ellos. Hasta hay evidencias en las Escrituras de ángeles guardianes: "Mirad que no menospreciéis a uno de estos pequeños; porque os digo que sus ángeles en los cielos ven siempre el rostro de mi Padre que está en los cielos" (Mateo 18:10). El término "pequeños" no sólo se refiere a niños, sino a los que dependen de Dios, los niños de Dios. El adjetivo posesivo "sus" indica que fueron asignados a una persona específica. Pareciera como que todos tenemos ángeles designados específicamente por Dios para cuidarnos. Ven el rostro de Dios constantemente, anticipando su dirección.

Una historia reveladora

> *Cuando llamó Pedro a la puerta del patio, salió a escuchar una muchacha llamada Rode, la cual, cuando reconoció la voz de Pedro, de gozo no abrió la puerta, sino que corriendo adentro, dio la nueva de que Pedro estaba a la puerta. Y ellos le dijeron: Estás loca. Pero ella aseguraba que así era. Entonces ellos decían: ¡Es su ángel! (Hechos 12:13-15).*

Una de mis consideraciones favoritas respecto a los ángeles viene de la historia del encarcelamiento de Pedro, quien había sido arrestado por predicar el evangelio. La iglesia hizo oración. Lo que sucedió después es significativo: Un ángel vino a la cárcel donde estaba Pedro.

Recuerde, ésta no es fantasía. No se trata de dibujos animados el sábado por la mañana ni de la Zona Crepuscular. Esto le ocurrió realmente a otro ser humano aquí mismo en tierra sólida.

¿Cómo entró el ángel en la prisión? ¿Cómo le quitó las cadenas a Pedro? ¿Y cómo salieron, él y Pedro de la cárcel? No lo sabemos, pero sí sabemos que fue el resultado del mundo invisible entrando en acción en el mundo visible. Igualmente importante es la realidad que mediante las oraciones de la iglesia, el mundo visible afectó al mundo invisible y efectuó la liberación de Pedro. Este relato bíblico debiera, por lo menos, inspirarnos a orar en cada situación.

Una segunda cosa en la historia es digna de notar respecto de la dimensión invisible. Note que ellos dijeron para explicar lo que no podían creer: "¡Es su ángel!"

Esto indica dos cosas: Primero, la iglesia primitiva estaba consciente del mundo invisible. "Es su ángel", fue su primera reacción. Segundo, sabía que había ángeles asignados a individuos. Los primeros creyentes, bajo el liderazgo de los apóstoles, no eran místicos, ni estaban metidos en prácticas extrañas o super espirituales. Ellos son un ejemplo para nosotros de una vida cristiana equilibrada con ambos pies bien puestos sobre la tierra. Y ellos asumían que los ángeles eran parte de su vida.

¿Es el Antiguo Testamento un libro de historietas?

El Antiguo Testamento está lleno de historias y evidencias del mundo invisible. Sin embargo, muchas veces nos distanciamos de sus acontecimientos históricos. Aunque nunca lo admitiríamos como creyentes, percibimos un elemento fantasioso en el Antiguo Testamento. Los relatos milagrosos están lejos de nuestra experiencia, y los héroes de la Biblia dan la sensación de personajes de historietas ilustradas. Hasta el Dios del Antiguo Testamento pareciera ser una exageración del Dios en quien hemos llegado a creer. El Dios del Antiguo Testamento pareciera más poderoso, más activo en los asuntos de los hombres. Vemos nuestro mundo presente como una realidad mayor, mientras que el mundo del Antiguo Testamento pareciera parcialmente ilusorio.

No obstante, los acontecimientos de la Biblia son verdaderos. Si nuestra vida no refleja estas verdades, nos hemos distanciado de la verdad y de la realidad.

Una historia en la vida de Eliseo también vierte luz sobre los ángeles:

> *Y se levantó de mañana y salió el que servía al varón de Dios, y he aquí el ejército que tenía sitiada la ciudad, con gente de a caballo y carros. Entonces su criado le dijo: ¡Ah, señor mío! ¿qué haremos? El le dijo: No tengas miedo, porque más son los que están con nosotros que los que están con ellos. Y oró Eliseo, y dijo: Te ruego, oh Jehová, que abras sus ojos para que vea. Entonces Jehová abrió los ojos del criado, y miró; y he aquí que*

el monte estaba lleno de gente de a caballo, y de carros de fuego alrededor de Eliseo (2 Reyes 6:15-17).

Eliseo era profeta y también líder de la "escuela de los profetas". La escuela estaba en una ciudad que fue rodeada completamente por un ejército enemigo. Uno de los estudiantes, viendo el ejército, corrió a avisarle a Eliseo.

La reacción de Eliseo no fue de temor, sino de confianza. Sin levantar una ceja, Eliseo dijo sencillamente: "No dejes que estas circunstancias te aflijan, porque más son los que están con nosotros que los que están con ellos."

En ese momento, el joven pudo haber pensado que Eliseo había perdido la razón. Miraría alrededor de sí, pero no había nadie en la casa aparte de ellos, y afuera sólo había enemigos. Pero Eliseo no estaba loco. El estaba más en contacto con la realidad que su joven amigo. Estaba consciente del mundo invisible.

Eliseo oró, pidiendo que Dios *abriera los ojos del joven*. Repentinamente, vio el ejército angelical. Dios no llenó la cabeza de este hombre con un sueño. Tampoco creó una proyección simbólica. Dios hizo algo en la capacidad óptica de sus ojos para que pudiera ver lo que había allí realmente. El joven vio que todo *el monte estaba lleno de gente de a caballo, y de carros de fuego alrededor*. Puedo imaginar su sorpresa, su excitación, quizás hasta su temor. Este joven vio un mundo completamente nuevo para él. El mundo invisible se hizo tan real como el mundo de carne y sangre que él había conocido siempre.

¿Qué fue lo que vio Eliseo?

Algunos dicen que Eliseo tenía fe porque sus ojos físicos podían ver lo que otras personas no veían. Pero la Biblia no dice eso. Quizás Eliseo nunca vio con sus ojos lo que vio el joven estudiante. Sencillamente, Eliseo estaba consciente del mundo invisible que lo rodeaba. Era el joven quien necesitaba convencerse.

La consciencia intensificada de la dimensión invisible rectificaría muchos problemas. He encontrado a innumerables personas que no hacen la obra de Dios porque están consumidas por el pesimismo, víctimas de sus propias palabras, de sus circunstancias o de otra gente. Pero si confiamos en Dios, no tenemos por qué ser víctimas jamás. Una de las grandes maneras de vencer diariamente es llegar a estar conscientes de nuestros tremendos aliados invisibles en esta lucha. Debemos vivir con este conocimiento las veinticuatro horas al día, tan seguros de ello como lo estamos de lo que vemos, oímos, olemos, tocamos y gustamos.

Eliseo vivía en esa dimensión y nosotros también podemos vivir en ella. Cuando enfrentemos circunstancias difíciles, fuerzas superiores, enemigos crueles, no tenemos por qué ser las víctimas. Tampoco debemos pronunciar palabras negativas que nos abatan a nosotros y a otros. Sólo necesitamos saber que excedemos en número al enemigo. *"Más son los que están con nosotros que los que están con ellos."*

Tres clases de ángeles

Cuando la Biblia habla de ángeles, indica tres papeles distintos que ellos desempeñan.

1. Angeles guerreros

El primer papel es el de ángeles guerreros, ángeles que pelean. Daniel 10 y Apocalipsis 12 hablan de un arcángel que es el principal (o príncipe) de estos ángeles. Su nombre es Miguel, y él está asociado con los ejércitos angelicales de Dios.

¿Con qué frecuencia pensamos acerca de ángeles que luchan? Hasta la publicación del libro de Frank Peretti *Esta patente oscuridad*, muchos no consideraban esta realidad bíblica. Aún ahora, muchos creyentes no la consideran cabalmente. Pudiéramos pensar que es algo extraño o medieval, pero la Biblia es clara. Tan cierto como que Cristo murió en la cruz y tenemos salvación por medio de él, los ángeles están en guerra en el mundo invisible en este momento.

Daniel 10 nos convida a un atisbo en la dimensión invisible. Daniel oró por tres semanas sin recibir respuesta. Esto por sí solo es digno de atención. La mayoría de nosotros nos hubiéramos dado por vencidos en veinte minutos. Daniel pudo haber desistido, pero él oró y ayunó por veintiún días, y quizás hubiera continuado más allá si no hubiera ocurrido algo maravilloso. Un ángel vino a él.

Entonces me dijo: Daniel, no temas; porque desde el primer día que dispusiste tu corazón a entender y a humillarte en la presencia de tu Dios, fueron oídas tus palabras; y a causa de tus palabras yo he venido. Mas el príncipe del reino de Persia se me opuso durante veintiún días; pero he aquí Miguel, uno de los principales príncipes, vino para ayudarme, y quedé allí con los reyes de Persia (Daniel 10:12, 13).

Más adelante, el ángel dijo: "Pues ahora tengo que volver para pelear contra el príncipe de Persia" (Daniel 10:20).

Esta historia debiera convencernos de algunas emocionantes verdades: Primero, *nuestras oraciones son oídas desde el primer día.* No importa lo desanimados que nos sintamos, y no importa cuánto tiempo esperemos una respuesta, nuestras oraciones son oídas.

De la historia de Daniel también aprendemos que *nuestras oraciones inspiran a Dios para desplegar a sus ángeles a nuestro favor.* Nunca oramos a los ángeles, sino a Dios, quien los envía en respuesta directa a nuestras oraciones. Nuestras oraciones alcanzan la dimensión espiritual y ésta se refleja en nuestra dimensión terrenal.

Del relato de Daniel aprendemos además que *los ángeles luchan.* No sabemos cómo, pero lo hacen. Nuestras oraciones les ayudan en su lucha.

Si hemos orado esta semana, los ángeles están en acción como resultado de ello. Nuestras oraciones no son sólo palabras que agradan a Dios. Nuestras oraciones despachan a ángeles guerreros que luchan por nosotros y por los propósitos de Dios.

2. Angeles mensajeros

La segunda categoría es la de ángeles mensajeros o que comunican algo. Gabriel, quien trajo el mensaje del nacimiento de Jesús, y habló a Daniel y a Zacarías, parece ser un arcángel o príncipe de los ángeles mensajeros. A través de la Biblia, los ángeles son enviados para hablar a los hombres, para informar, advertir o traer revelación.

En numerosas ocasiones, he conocido a personas que han visto a ángeles y han recibido mensajes de ellos. Esta gente moderna no es más mística o extraña que Daniel, María, Jacob o innumerables otros a lo largo de la historia. Los ángeles no han sido quitados o reemplazados por la automatización. No estoy seguro de por qué no todos vemos ángeles. Quizás nuestro sabio Dios sabe que en nuestro orgullo buscaríamos relacionarnos con ellos más que con el Dios invisible. Pero él permite que muchas personas los vean. Creo que es para proporcionarles la evidencia innegable de que existen, y de que también existe la dimensión invisible.

La Biblia advierte de no buscar, y ciertamente no adorar, a los ángeles (Gálatas 1:8; Colosenses 2:18). Si Dios quiere que hablemos con ángeles o los veamos, es asunto de él. Lo importante es vivir en constante consciencia de que ellos están en todo momento alrededor de nosotros. Jesús dijo: "Bienaventurados los que no vieron, y creyeron" (Juan 20:29). Hablaba de la gente que creyera en él, pero el principio es el mismo. Debemos creer en el mundo invisible, porque Dios declara en su Palabra que es real, no porque lo podamos ver. Nuestra falta de vista no debiera estorbar nuestra fe y causar duda.

3. Angeles que adoran

La tercera actividad de los ángeles es adorar. Hay ángeles que no hacen otra cosa que adorar a Dios. La Biblia relata de huestes de ángeles que adoran a Dios. Apocalipsis presenta un cuadro de miríadas y miríadas de ángeles que proclaman a Jesús y dicen: "El Cordero . . . es digno" (Apocalipsis 5:11, 12). Los ángeles adoradores también cantaron en el nacimiento de Cristo.

El lado oscuro

No hay un relato bíblico directo de que hubiera un arcángel sobre los ángeles que adoran. Hay, sin embargo, una fuerte sugerencia de que Lucifer, que se convirtió en Satanás, era ese arcángel. Como Gabriel y Miguel, Lucifer estaba en la presencia de Dios. "Tú eras el sello de la perfección, lleno de sabiduría, y acabado de hermosura . . . Tú, querubín grande, protector, yo te puse en el santo monte de Dios" (Ezequiel 28:12, 14). También es llamado príncipe, lo que le da la misma jerarquía que Gabriel y Miguel (Efesios 2:2).

Lucifer era una bella criatura. Era muy sabio. Pareciera que era en sí y de sí mismo un instrumento de adoración. Tenía acceso a

Dios, y parece haber tenido un cargo o puesto sin igual en la dimensión angelical.

Pero, un día, Lucifer fue echado de la presencia de Dios y del cielo. ¿Qué pasó? ¿Qué hizo Lucifer que fuera tan malo? Si hablara con sinceridad, mucha gente admitiría cierta simpatía por el diablo. Algunos dicen que Dios se sintió amenazado con la perspectiva de que Lucifer derrumbara su reino y, porque Dios es más grande y más fuerte, egoístamente expulsó al pobre Lucifer.

¿Se salvará Satanás?

Este punto de vista de Dios sintiéndose amenazado por Satanás es más común de lo que pudiéramos pensar. Pero la verdad es que Dios no se sintió amenazado ni nunca lo ha estado. La verdad es que fueron los otros ángeles los que realmente expulsaron a Lucifer (Apocalipsis 12). Y Satanás ciertamente no merece simpatía. El ha rechazado la luz y el conocimiento de Dios en forma total y absoluta. Por lo tanto, ha repudiado lo que sea que lo lleve al arrepentimiento, y no será redimido.

Lucifer fue expulsado del cielo por causa de su propia elección. Si conocemos algo del carácter de Dios, podemos estar seguros de que Dios sólo sintió tristeza de las elecciones hechas por Lucifer.

Lucifer dijo: "Subiré al cielo; en lo alto, junto a las estrellas [ángeles] de Dios, levantaré mi trono, y en el monte del testimonio me sentaré, a los lados del norte; sobre las alturas de las nubes subiré, y seré semejante al Altísimo" (Isaías 14:13, 14). En otras palabras, Lucifer declaraba que sería otro dios semejante al único y verdadero Dios. Hasta hoy, él no se ha desviado de su plan.

Me sorprende que tanta gente, incluso creyentes piensen en Lucifer como otro dios. Ellos creen que Dios es el Dios del bien y Satanás el dios del mal; son vistos como iguales, enfrentados en oposición. Satanás ha engañado a millones con esta mentira.

Simplemente no existe comparación

Esta es una perspectiva impía del mundo que sitúa a Dios y a Satanás como oponentes a semejanza de algún *yin* y *yang* oriental. No son contrapartes iguales. Sólo Dios es Dios. El es el gran Creador que no fue creado. El es eterno e infinito. El es omnisciente (todo lo sabe), omnipotente (todo lo puede), omnipresente (presente en todos los lugares a la vez), y soberano (tiene autoridad suprema). Lucifer es sólo un arcángel caído. Ha sido creado y es finito y limitado en conocimiento, capacidad y espacio. El no lo sabe todo. El no lo puede hacer todo. Y sólo puede estar en un lugar a la vez.

La perspectiva cristiana del universo describe a un incomparable Ser supremo. El concepto de dos seres que gobiernan sobre dos reinos iguales pero opuestos, con la victoria que cambia de un lado a otro, es lo que enseña el hinduismo, así como otras religiones orientales. Pero las fuerzas del bien y el mal no se cancelan o equilibran una a la otra. Aunque la Biblia llama a Satanás el "dios de este mundo", esto sólo denota un puesto de autoridad sobre su propio sistema de engaño. Los ángeles expulsaron a Lucifer del cielo y él se convirtió en Satanás, estableciendo su reino de tinieblas. Y ahora, nosotros luchamos contra él en el nombre y la autoridad de Jesús.

Dios nunca peleó con el diablo ni nunca lo hará. Sería como si la más diminuta hormiga se me subiera al hombro y me gritara: "Oiga, compadre, ¿quiere pelear?" ¿Cómo voy a pelear con un insecto que casi no puedo ver? Aparte de aplastarlo o hacerlo que se vaya con un pequeño soplo, ¿cómo podría luchar realmente con esa diminuta hormiga? Esa hormiga, aunque osada y orgullosa, nunca será una amenaza para mí y lo que poseo.

La idea de Dios peleando con Satanás es todavía más absurda que yo luchando con una hormiga. Dios es infinitamente más grande en todo respecto. Dios nunca puede pelear con Satanás, que es precisamente la razón por la que se supone que nosotros debemos llevar la lucha en el poder de Dios.

Igualmente absurdo fue el intento de Lucifer de llegar a ser como Dios. No es posible que lo creado se convierta en lo no creado. Lo finito jamás puede llegar a ser lo infinito. Dios es Dios, y no hay nada en el universo que sea remotamente semejante a él.

Si usted cree que Lucifer fue estúpido . . .

Si era tan imposible que Lucifer llegara a ser semejante a Dios, ¿por qué lo intentó? La respuesta se puede encontrar en cada uno de nosotros. ¿Cuántos de nosotros hemos vivido alguna vez para nosotros mismos? Cuando resolvemos en nuestro corazón vivir sin Dios, cuando decimos: "Yo soy fuerte y no necesito a nadie que gobierne mi vida", lo que estamos diciendo realmente es: "Puedo ser como el Altísimo. Soy el ser más importante del universo. Puedo ser Dios."

Todo el mundo ha dicho alguna vez: "No necesito a Dio ." Creemos que somos el punto focal del universo. Podemos ir a la luna, construir computadoras, curar enfermedades, y creemos poder resolver todos los problemas de la sociedad. Podemos perfeccionar al género humano, comenzando por nosotros mismos. No necesitamos a Dios y no necesitamos la religión. Somos tan independientes y tan importantes; hasta que algo como el cáncer nos ataca. Entonces nos arrastramos como bebés a los pies de Dios, pidiéndole ayuda.

Lo que hizo Satanás fue absolutamente ridículo. Sin embargo, nosotros, criaturas endebles y finitas, sujetas al catarro común y sólo a un suspiro de la rigidez de la muerte, pensamos que podemos manejar nuestra vida sin Dios. Intentar vivir sin Dios es intentar ser Dios. Este es exactamente el orgullo insano y absurdo que entró en el corazón de Satanás y, tristemente, todos lo tenemos.

Hemos creído los reclamos de Satanás

El nombre "Satanás" ha sobrecogido de miedo el corazón de la gente por siglos. El nombre en sí se ha convertido en un enorme símbolo del mal, semejando la imagen de dios que él quiere proyectar. Hasta los creyentes son a veces sobrecogidos por ideas y figuras conjuradas por el nombre Satanás.

La palabra "satanás" significa literalmente "adversario" o aproximadamente, "uno que presenta resistencia u oposición".[1] A veces, la palabra "Satanás" se usa en la Biblia para referirse a sus huestes y no sólo al individuo, Lucifer. El ser llamado Satanás es meramente un arcángel caído que recibió su nombre porque se opuso a Dios. El es también nuestro adversario. Tenemos que considerarlo eso; ni más ni menos.

---

[1]Buck, Emory Stevens gen. ed., *Interpreter's Dictionary of the Bible*, Nashville, Abingdon Press, 1962, pág. 52.

Satanás no está solo en su reino de tinieblas. Cuando fue echado del cielo, se llevó muchos ángeles con él. Si bien no sabemos a cuántos, sabemos que tiene un número limitado ya que no puede crear seres nuevos. El reino de las tinieblas está comprendido de Satanás y estos demonios o espíritus malignos. La Biblia no hace una conexión directa entre los ángeles caídos y los demonios. Si los demonios no son los ángeles caídos, entonces no sabemos de dónde vinieron. Parece razonable que los demonios sean ángeles caídos en forma de espíritu. No obstante, es mucho más importante reconocer la realidad de su existencia que especular sobre su origen.

Como hemos mencionado, en la mayoría de las culturas del mundo no tendríamos ningún problema para convencer a la gente de los demonios y de los espíritus malignos. También, en el llamado mundo civilizado, gente bien educada y culta está regularmente involucrada en actividades que incluyen a los demonios. Este no es un folclore inculto de abracadabra, o de superstición infundada. Es real. Todo creyente debe estar consciente de esta realidad, y sólo nos engañamos a nosotros mismos si no la creemos.

El reino de las tinieblas consiste, entonces, de sólo estos tipos de seres: Satanás (un arcángel caído, un individuo) y ángeles caídos, numerosos demonios y espíritus malignos. De acuerdo con la Palabra de Dios, eso es todo lo que hay. Estos espíritus son personalidades. No estamos peleando con "el lado oscuro de la fuerza", o algún otro poder maligno místico e impersonal o energía que lo impregna todo. Jesús no confrontó una fuerza del mal. Confrontó a los espíritus malignos, llamándolos por nombre en ocasiones.

Fantasmas, ovnis y extraterrestres

En los últimos veinte años, la gente se ha vuelto curiosa en extremo respecto de los fantasmas, ovnis y extraterrestres. La Biblia no informa de ninguna otra cosa que las personalidades ya mencionadas. Hay muchos fenómenos sin explicar en el mundo, pero creo que la Biblia proporciona toda la información que necesitamos acerca de la dimensión invisible. Si la Biblia no lo explica, no tenemos que saberlo. Si existen fenómenos paranormales, sobrenaturales o extraterrestres, sugiero que son actividades de los ángeles de Dios o del diablo.

Como todas las personalidades, los ángeles caídos piensan, escuchan, comunican, perciben, actúan y reaccionan. Debido a que son personalidades y basándonos en el relato bíblico sobre los ángeles y los demonios, sabemos que son capaces de actuar recíprocamente con los seres humanos. Nos hablan en la mente. (Por ejemplo, el diablo puso en la mente de Judas que entregase a Cristo, de acuerdo con Juan 13:2.) Oyen lo que decimos, observan nuestras reacciones, hacen planes y forman estrategias.

Debido a que estas personalidades malignas oyen, necesitamos hablarles cuando libramos la guerra espiritual. Algunas personas pudieran sentirse renuentes a dirigirse al enemigo. No obstante, la Biblia es clara que debemos resistir los poderes de las tinieblas (Santiago 4:7; 1 Pedro 5:9). ¿Cómo resistimos a una personalidad? ¿Mostrándole la Biblia, gruñendo, cerrando los ojos y deteniendo la respiración? La única manera de resistir a una personalidad, exceptuando una pelea a golpes de puños, es con palabras habladas. Nosotros, los creyentes, hemos de dirigirnos a Satanás y a los poderes de las tinieblas, directamente, reprendiéndolos, y verbalmente negándoles el acceso en nuestra vida. Jesús se dirigió al enemigo directamente. Habiendo dicho que haríamos cosas mayores que él, Jesús nos ha enseñado con su ejemplo que nosotros también debemos dirigirnos al enemigo, resistiéndolo. En Marcos 16:17 Jesús nos comisionó para usar su nombre contra el enemigo. No dijo que él lo confrontaría por nosotros; dijo que "en su nombre" *nosotros* "echaríamos fuera demonios".

Esto es suficiente para comenzar a ganarle todos los días a Satanás y a sus fuerzas. Pero hay más. Necesitamos comprender más. Debemos descubrir y combatir en forma más profunda la estrategia presente del diablo.

CAPITULO SIETE

La jerarquía de Satanás y sus planes de batalla

Ahora sabemos quiénes componen el reino de las tinieblas: Satanás y sus demonios. Necesitamos considerar cómo opera su reino o, para usar términos bíblicos, no ser ignorantes de sus maquinaciones (2 Corintios 2:11). Si estuviésemos en una fuerza policiaca, aprenderíamos a vencer al criminal reconociendo su *modus operandi,* es decir, la manera en que opera.

La manera de operar de Satanás se puede describir mejor como un asalto de tres componentes sobre el mundo.

Componente #1: La jerarquía de Satanás

El primer componente del asalto es una jerarquía. Está allí para supervisar y controlar los acontecimientos en el mundo. Como dios de este mundo, Satanás tiene estrategias de gran alcance. Al igual que cualquier jerarquía, hay diferentes funciones. La Biblia describe tres funciones del reino de las tinieblas, y estas funciones son gobernadores, principados y potestades. Estos términos varían levemente en diferentes versiones de la Escritura, pero lo importante es conocer sus funciones y combatirlos.

Gobernadores

La Biblia usa palabras como "tronos", "dominios", "autoridades" y "gobernadores". Estas palabras describen los puestos desempeñados por los seres espirituales. Gobernar tiene que ver con ejercer opinión o voluntad sobre otros. Es importante entender cómo consigue entrada el enemigo en la tierra para ejercer su opinión sobre la voluntad de los hombres.

Jesús habló en Mateo 16 acerca de las "puertas del Hades". En tiempos de la Biblia, los líderes de una ciudad se sentaban a las puertas para adoptar las decisiones que gobernaban al pueblo. Por lo tanto, el equivalente moderno de "puertas" no serían los límites de la ciudad, sino el municipio, o el congreso, el parlamento, la casa presidencial; cualquier lugar donde se adoptan las decisiones corporativas importantes. Satanás infiltra las existentes estructuras humanas de autoridad para tratar de gobernar a través de ellas. ¿Y cómo lo hace? De la misma manera que siempre lo ha hecho. Desde el huerto del Edén, Satanás ha conseguido la entrada para gobernar mediante las elecciones equivocadas y egoístas de los hombres y las mujeres.

Cuando pensamos en autoridades y estructuras de gobierno, tendemos a enfocar únicamente los niveles superiores. Pero las estructuras de autoridad son mucho más extensas y estratificadas, tocando cada faceta de nuestra vida. Hay estructuras de autoridad a través de las que se gobierna todo, desde las cortes supremas hasta la persona que emite la patente de su perro. Además de gobiernos nacionales, regionales y locales, hay estructuras de autoridad para escuelas, negocios, iglesias, sindicatos, asociaciones jardineras, equipos deportivos y hasta familias. Aun las más primitivas tribus de la Edad de Piedra tienen estructuras de gobierno con jefes y ancianos de aldeas.

Grietas en los muros

Si "puertas" se refiere a la elección que hacen las autoridades, entonces los "muros" son un símbolo bíblico para la protección de la autoridad en la sociedad. Satanás ve las estructuras legítimas de nuestra sociedad. El sabe que si están funcionando debidamente, él no puede gobernar. Los muros de la autoridad lo excluyen. Si los muros están en mal estado, él puede gobernar y lo hará. Se puede infiltrar. Satanás gobierna donde no hay autoridad o sujeción a la autoridad. Al grado en que estas instituciones se desmoronan, así gobierna él. Es fácil entender por qué los matrimonios, las familias y las iglesias están hoy bajo tan violento ataque.

El Antiguo Testamento es el manual máximo sobre la guerra espiritual. Las batallas que se libraron entonces en la dimensión terrenal son exactamente las mismas que libramos hoy en el mundo invisible. Satanás incitó e infiltró a ejércitos de sangre y carne para destruir a Israel. Hoy, todavía intenta destruir al pueblo de Dios, y sus estrategias de guerra han cambiado poco.

En la Israel del Antiguo Testamento, la gente vivía en ciudades. La ciudades tenían altos muros para mantener afuera al enemigo. Si sólo una porción de los muros estaba derribada, los soldados enemigos podían entrar, saquear y matar. Cuando Nehemías regresó a la ciudad de Jerusalén, antes de construir su propia casa, la casa de Dios, o cualquier otra cosa, él reedificó los muros de la ciudad. Los muros de una ciudad eran su mayor defensa en un mundo hostil, y eran siempre primero en el orden de importancia.

Estas ciudades antiguas son una figura histórica de lo que enfrentamos ahora en el mundo invisible. Al igual que las ciudades en el Antiguo Testamento, las estructuras de gobierno de nuestra sociedad tienen muros. Aunque invisibles, son verdaderos muros de autoridad y protección. Cuando estos muros son derribados, los resultados son desastrosos. En el mundo invisible, el diablo se ocupa con eficiencia en destruir los muros de tres maneras.

Abdicar en favor del diablo

El primer destructor de estos muros es el *liderazgo sin Dios*. Cuando los líderes no viven y gobiernan de acuerdo con los principios bíblicos y de acuerdo con la voluntad de Dios, los muros de su autoridad se derrumban. Se le permite a Satanás que gobierne por medio de ellos. Por ejemplo, si un juez es corrupto y no teme a Dios, él abdica su liderazgo en favor de los poderes de las tinieblas. El no se da cuenta de que está entregando su corte, pero todos los que están bajo su autoridad quedan expuestos al ataque de Satanás. Lo mismo es cierto de todas las estructuras de liderazgo. El liderazgo sin Dios destruye los muros y permite a los gobernantes del mundo invisible que gobiernen. Y ellos nunca pierden una oportunidad.

Por eso 1 Timoteo 2:1, 2 nos encarga orar "por todos los que están en eminencia". Toda autoridad está bajo ataque, porque el enemigo quiere mandar. Tenemos una crisis de liderazgo en la mayor parte de la sociedad. Necesitamos fortalecer sus muros. Necesitamos interceder por nuestros gobernantes. Y como líderes nosotros mismos, necesitamos ser fuertes y dirigir con integridad. Esto retardará al enemigo. Si, por otro lado, constantemente socavamos la autoridad, estaremos colaborando con la causa de Satanás.

Otro destructor de los muros de protección de la sociedad es la *negligencia*: líderes que no guían. Lamentablemente, hay esposos que no se conducen como esposos, padres que no cumplen su función, maestros que no enseñan. Hasta donde descuidamos nuestras responsabilidades como líderes, dejamos un vacío para que los gobernadores de las tinieblas manden en nuestro lugar. Por ejemplo, muchos padres y madres están demasiado ocupados para dedicar tiempo a sus hijos, demasiado ocupados para comunicarles los valores morales o disciplinarlos y afirmarlos. Esto deja a los hijos vulnerables a las influencias malignas.

El tercero y más común destructor de los muros es la *rebeldía.* En los lugares donde enseño, pido a la gente que levante la mano si alguna vez se ha rebelado. Casi todas las manos en todos los grupos se levantan. Desde pequeñitos hasta adultos maduros, todos nos hemos rebelado. Es triste, pero aun en círculos cristianos la rebeldía es excusada con frecuencia. Decimos cosas como:

"Bueno, es que así soy yo."

"Tengo mi lado rebelde."

"No seré un adulón."

"Me gusta hacer lo que quiero."

"A veces tenemos que defender nuestros derechos."

"A veces me gusta defender la peor de dos causas."

"Así es mi personalidad."

Quizás defendamos nuestro corazón rebelde con frasecitas curiosas, pero le estamos haciendo un daño tremendo a los muros de la autoridad. Los límites entre el consentimiento y la resistencia, el apoyo y la oposición, y la sujeción y el desafío se cruzan con mucha facilidad cuando nos permitimos ser "un poquito rebeldes".

Qué es y qué no es rebeldía

Primera Samuel 15:23 dice que "como pecado de adivinación es la rebelión, y como ídolos e idolatría la obstinación". Esta comparación es muy seria. Sin embargo, tenemos que darnos cuenta de que la rebelión destruye los muros. La rebeldía es una actitud del corazón que dice: "No necesito de reglas. No necesito de líderes ni de nadie que me diga lo que tengo que hacer."

Dicho pura y sencillamente, el espíritu de rebeldía es el rechazo de la autoridad. Es el deseo de quedar libres de cualquier cosa impuesta sobre nosotros. La razón por la que es como hechicería es porque la rebelión da entrada a Satanás. La rebelión y la hechicería cumplen lo mismo en las estructuras de gobierno y en las vidas individuales: Ambas tratan con los poderes de las tinieblas.

> *Sométase toda persona a las autoridades superiores; porque no hay autoridad sino de parte de Dios, y las que hay, por Dios han sido establecidas. De modo que quien se opone a la autoridad, a lo establecido por Dios resiste; y los que resisten, acarrean condenación para sí mismos. Porque los magistrados no están para infundir temor al que hace el bien, sino al malo. ¿Quieres, pues, no temer la autoridad? Haz lo bueno, y tendrás alabanza de ella (Romanos 13:1-3).*

Romanos 13:1 no dice que toda autoridad sea piadosa. No todas lo son. Tenemos policías, jueces, presidentes, pastores y padres corrompidos. Pero el puesto de autoridad fue establecido por Dios. Es su voluntad que hayan estructuras de autoridad y que todos estemos en sumisión a los que ocupan puestos de liderazgo. Los líderes en sí pudieran ser malignos, pero los puestos que ocupan existen como muros de protección.

La autoridad en sí y de sí misma efectivamente impide o retarda la maldad, de acuerdo con Romanos 13:3. Es causa de temor para los malhechores. Un país que tenga una fuerte estructura de autoridad, aunque no sea cristiana, limitará la maldad. Una familia que se sostenga por principios familiares retardará e impedirá la maldad. El diablo es detenido por los muros de autoridad que rodean a las instituciones. Este es un principio universal de Dios. Afecta a todo el mundo.

Desobedecer sin rebelarse

¿Significa esto que debamos escoger la obediencia a las autoridades mundanas por encima a la obediencia a Dios? No. En Hechos 4, Pedro fue llevado ante los sacerdotes por predicar el evangelio. Las órdenes de ellos estaban en conflicto directo con los mandatos de Dios. Pedro se negó a obedecerlos. Obedeció a Dios antes que al hombre, pero no atacó la autoridad del sacerdote. No respondió en rebeldía. Puede haber una diferencia entre la rebelión y la desobediencia civil.

La sumisión a la autoridad no significa que nos convirtamos en personas con voluntades doblegadas sin opinión propia. Todavía podemos estar contra la injusticia y la mentira. Podemos disentir, confrontar y reprender en el Espíritu de Cristo cuando necesitemos hacerlo. Pero nunca debemos derribar las estructuras u oponernos a los líderes meramente porque están en autoridad.

Satanás tiene en la mira a las familias, a los sindicatos de trabajadores, y a los países. Cuando albergamos la rebelión, cuando tratamos de derrocar la autoridad, nos convertimos en aliados del diablo.

Una cosa es reconocer los intentos de Satanás de derribar los muros. Pero, ¿qué debemos hacer al respecto? Ezequiel 22:30 dice: "Busqué entre ellos hombre que hiciese vallado y que se pusiese en la brecha . . . . " Dios busca hombres que reedifiquen los muros mediante la oración intercesora. Ahora sabemos donde están los muros y las brechas. Están a nuestro alrededor; las estructuras de la sociedad se derrumban. Debemos ponernos en la brecha intercediendo ante Dios en favor de nuestras ciudades, familias, escuelas e individuos, y no permitir entrar al enemigo.

Ezequiel 13:4, 5 es más exigente en su desafío para que adoptemos nuestra responsabilidad profética e intercesora en la sociedad. "Como zorras en los desiertos fueron tus profetas, oh Israel. No habéis subido a las brechas, ni habéis edificado un muro alrededor de la casa de Israel, para que resista firme en la batalla."

Una zorra se construye una guarida cómoda en las ruinas de un muro. Con frecuencia esto es lo que hacen los creyentes mientras la sociedad se desintegra alrededor de ellos. Somos llamados a ponernos de pie y a reparar el daño en los muros de la sociedad mediante la guerra, la oración y el involucramiento.

Principados

La segunda función dentro de la jerarquía demoníaca es la de los "principados", referidos con frecuencia como "espíritus territoriales". Los principados no son más grandes, más fuertes, ni más malos que los otros espíritus en el reino de las tinieblas. No tienen necesariamente cuatro cabezas más o diez ojos más. Los principados son sencillamente seres con vastas extensiones de influencia dentro del reino satánico.

Para entender qué es un "principado", piense en la palabra en sí: Un "príncipe" es un líder con título; el sufijo "ado" tiene que ver con la geografía y la demografía. Geografía es el estudio de las extensiones de tierra, y demografía el estudio de cómo se agrupa la gente en la sociedad. El término principado revela un aspecto muy significativo en el acceso de Satanás a nuestro planeta. Satanás despliega sus fuerzas de acuerdo con un mapa del mundo. El no ha dispersado sus tropas al azar. No corren caóticamente, chocando una contra otra.

El reino de las tinieblas está tan bien organizado como el mejor ejército militar del mundo. Satanás tiene un plan de batalla particular para cada zona geográfica y para cada grupo humano. Sus planes para la India difieren de los de la ciudad de Nueva York. Sus estrategias para gobernar a los niños sin hogar de Colombia son distintas que las de las prostitutas de Amsterdam. Poderes de las tinieblas específicos son asignados a regiones específicas y gente específica.

Al igual que los de cualquier buen general, los planes de Satanás de gobernar la tierra han comenzado con buenos mapas. El ve al mundo en sectores. El ve imperios, naciones, regiones, ciudades, barrios y vecindarios. El considera la densidad de la población rural y urbana. Conoce bien las razas, las nacionalidades, las tribus, los clanes y hasta las familias. Satanás es también un estudioso de los grupos de idiomas, dialectos, de la herencia cultural y del linaje étnico. El conoce toda sociedad, organización y asociación. Satanás conoce su campo de batalla. El conoce a su enemigo, y está bien preparado para la lucha.

Saque su atlas

Por eso es que podemos pararnos con los dedos del pie en un país que es mayormente cristiano y los talones en otro que no tiene un testimonio cristiano importante. Muchos viajeros han encontrado este contraste en diversos lugares. En una ciudad observamos el progreso de Dios y, realmente, sentimos la atmósfera positiva y pacífica. En otra ciudad sentimos el conflicto, la opresión y un sentido de dominio de los poderes de las tinieblas. Aun mientras cruzamos un puente en la misma ciudad, algunos hemos sentido el cambio en las condiciones espirituales. En Los Angeles, por ejemplo, he dejado un suburbio para entrar en otro y he sentido que estoy en territorio espiritual diferente. Entonces observaba que había allí más tiendas de la Nueva Era, más centros de sectas, menos iglesias y más pequeñas, un mayor sentido de la presencia del mal, y actividad abierta del ocultismo. Esta y muchas otras ciudades parecen atraer como un imán a gente de la misma mentalidad.

Dios nos puede dar mayor susceptibilidad a las influencias espirituales en sitios particulares, pero aun sin la percepción espiritual, sólo tenemos que ver las estadísticas. Dos ciudades pueden tener muy diferentes índices *per capita* de asesinatos, violencia, vicio de drogas y alcohol, prostitución, pornografía, embarazo de adolescentes, abortos, adulterio, divorcios y suicidios. Pueden diferir en el número de homosexuales o sectas y religiones satánicas y paganas. Pueden sufrir diferentes índices de mortalidad infantil, insanidad, accidentes y enfermedades.

Satanás despliega sus fuerzas y formula sus estrategias de acuerdo con el mapa. Si tomamos en serio la guerra espiritual, es absolutamente imperativo que nos familiaricemos con la geografía y los grupos sociales en este planeta. Como creyentes, debiéramos pasar mucho más tiempo estudiando nuestro atlas, el mundo, y los que habitan en él.

Despertando la atención del diablo

El diablo no se deja impresionar por mucho de lo que hacemos. No es que hagamos cosas malas o carnales, sino que muchos de nuestros esfuerzos son de poca consecuencia para él. Sin embargo, cuando oramos de acuerdo con un mapa, y comenzamos a enfocar nuestras oraciones en los lugares y los grupos sociales que Satanás ha marcado como de su propiedad y para su destrucción, entonces despertamos definitivamente su atención.

¿Le parece una idea extraña y nueva orar por un país al que nunca ha ido? ¿Le parece raro leer sobre una pequeña tribu en la revista, *GeoMundo* y después encomendar a esa tribu seriamente a Dios en oración? Eso sólo indica lo despistados que andamos. A la luz de nuestra gran comisión de "Ir por todo el mundo", *orar por todo el mundo* debiera ser nuestra primera respuesta, y nuestro primer compromiso para ganar al mundo para Cristo. Orar por la gente en todo el mundo es la responsabilidad de todo creyente.

Orar geográficamente intranquiliza al diablo y entorpece sus planes. Pero ¿cómo hemos de orar por gente que no conocemos ni sabemos dónde está? Podemos estar seguros de que Satanás ha hecho su trabajo de investigación. Necesitamos aprender y enseñar geografía en la iglesia. ¿Cómo hemos de orar por Sikkim si nunca hemos oído ese nombre? Debiéramos saber que Sikkim está a un lado de Bután. Bután es un país con un puñado de cristianos. Pocos sabemos donde está Mozambique, pero el diablo ha tenido por siglos un plan sistemático para su destrucción y esclavitud. Pocos creyentes oran jamás por Mauritania, que pudiera ser razón por la que hay muy pocos cristianos allí. No sabemos dónde está y quiénes viven allí. Pero podemos estar seguros de que el diablo sí lo sabe.

Las potestades de las tinieblas conocen y tienen estrategias para todo grupo humano. Lo único que se interpone en el camino de Satanás es la iglesia. Guerra espiritual en una escala global significa aprender a orar geográficamente.

El capítulo diez de Daniel menciona al "príncipe de Persia", un principado sobre Persia. Este principado no se ha muerto de vejez ni se ha jubilado. Probablemente siga allí, funcionando de la misma manera. El libro de Daniel menciona también al príncipe de Grecia. Si hay príncipes de Persia y de Grecia, también los hay de Escocia,

Hawai, Londres, Dallas, y hasta de Dallas Norte.

La demografía, el estudio de los grupos sociales, es un fundamento igualmente efectivo sobre el que Satanás formula sus estrategias y asigna sus fuerzas. El tiene planes para todo grupo humano. Tiene una estrategia específica y espíritus asignados para los refugiados, los policías, las esposas maltratadas, los telefonistas, los ciegos, los hombres de negocios y cada uno de los incontables, pequeñísimos y distintos grupos de la humanidad.

Un partido de fútbol que nadie pagaría por ver

Lo que está sucediendo entre la iglesia de Jesucristo y los poderes de las tinieblas es semejante a un juego de fútbol. En todo juego de fútbol, hay dos equipos y dos postes que marcan la meta en extremos opuestos del campo. El objeto es que un equipo consiga llegar a la meta al otro extremo del campo de juego, mientras impide que el otro equipo se introduzca en su territorio. La iglesia está alineada en el campo con una ordenada formación de cierto tamaño y complejidad. Tenemos pastores con antigüedad, pastores asistentes, pastores de jóvenes, pastores de ancianos, pastores del estacionamiento, directores de música, departamentos de esto y lo otro, ancianos, diáconos, escuelas dominicales, estudios bíblicos, etcétera. En innumerables reuniones de negocios hemos propuesto todas estas maravillosas metas y estrategias.

Son cosas buenas. No son malas ni pecaminosas ni siquiera carnales. Nuestro equipo está de un lado del campo de fútbol cantando "La iglesia triunfante".

En el otro lado del campo están los poderes de las tinieblas. Si pensamos que tienen otra cosa que una formación sistemática, organizada y premeditada, estamos muy equivocados. Su formación consiste de estrategias y delegaciones para las madres solteras, los huérfanos en Brasil, los taxistas de Nueva York, los laosianos en California, la gente de habla hispana, el club de yate, y la tribu en el Amazonas de la que ningún creyente ha oído jamás.

El único problema con este partido de fútbol es que nadie se está ensuciando el uniforme. En el saque del centro, nos quedamos fuera del campo practicando nuestras formaciones mientras el diablo anota gol tras gol. Nadie pagaría por ver un evento deportivo en el que haya dos equipos, pero ninguna competencia.

Quiero sugerir una manera de hacer interesante este partido de fútbol. Sugiero que la iglesia de Jesucristo descubra lo que el diablo ha estado haciendo durante los últimos siglos, ¡y se meta después en el campo para bloquearlo!

La guerra espiritual no es un partido de fútbol, pero todavía podemos bloquear los poderes de las tinieblas. Podemos entablar combate con el enemigo y entorpecer sus estrategias específicas para la gente, siendo específicos en nuestras oraciones. Ataje al enemigo según sus estrategias geográficas y demográficas. Para nuestra ofensiva, la iglesia debiera estar orando geográficamente y planeando estrategias para ganar todas las zonas y todos los grupos sociales para Cristo. El enemigo ha hecho estragos en el mundo. Países enteros están esclavizados, casi sin testimonio cristiano, debido a que nosotros, la iglesia, no hemos combatido específicamente a Satanás. No hemos conocido la manera que ha estado haciendo su trabajo en el mundo. Hemos ignorado sus estratagemas.

Por otro lado, hemos visto regiones enteras, resistentes una vez al evangelio, cambiar notablemente como resultado directo de creyentes que oran geográfica y específicamente. Por ejemplo, Nepal tenía sólo 29 creyentes en 1959, y ahora hay 100.000.

Susurrando en la guerra

Otro ejemplo extraordinario de los resultados de la oración específica es Rumania. Francisco Barton (nombre cambiado para protección suya) comenzó a visitar periódicamente a Rumania como misionero no residente en 1983. Las condiciones lo horrorizaron. La policía secreta había asesinado a más de 60.000 personas durante el gobierno de Ceausescu. La privación económica era tan grave, que cada hogar podía tener sólo una opaca bombilla de luz durante unas pocas horas por la noche. Tantos bebés se congelaban hasta morir en los hospitales, que el gobierno aprobó una ley diciendo que un bebé no era una persona hasta que tuviera un mes de nacido; de esa manera, los que morían antes no aparecían en las estadísticas.

Una y otra vez Francisco regresó a Rumania. Dios lo llevó a un grupito de creyentes en un pueblo llamado Timisoara. Se reunían secretamente en las casas, y Dios comenzó a hablarles acerca de la guerra espiritual. El Señor los impresionó para que vinieran en contra del espíritu de miedo y el espíritu de terror. Estos espíritus controlaban todos los aspectos de la sociedad rumana. Sintieron que debían salir tarde por la noche en grupos pequeños, dando paseos de oración por todo el pueblo. Ahí, enfrente de los diferentes edificios oficiales, Francisco y los creyentes locales oraban contra los principados y las potestades, en susurros, para no ser oídos por la policía secreta.

Se sentían ridículos, pero seguían obedeciendo a Dios. A lo largo de los meses, las cosas más bien empeoraron. En febrero de 1989, dos pastores desaparecieron, asesinados por la policía secreta. Otros fueron encarcelados, pero los creyentes siguieron reuniéndose y haciendo guerra espiritual. Dios habló de nuevo, asegurándoles que la victoria era inminente.

Finalmente, el 23 de octubre de 1989, la Palabra del Señor vino, diciéndoles que comenzaría un fuego en su pueblo que "ardería por toda Rumania". Qué mensaje más difícil de creer, especialmente para un pequeño grupo de personas que susurraban sus oraciones en secreto.

Sin embargo, la chispa comenzó en Timisoara, exactamente como Dios lo había dicho. Comenzó con el arresto domiciliario el 15 de diciembre de 1989 de un pastor reformado de nombre Laszlo Tokes. Lo que seguía generalmente a tal arresto era la desaparición del ministro, pero esta vez fue diferente. La palabra del arresto de Tokes se difundió, y en vez de la usual reacción acobardada, los creyentes corrieron a la casa del pastor, formando una cadena humana en la entrada. La policía los amenazó, pero ellos comenzaron a cantar el primer estribillo de la revolución: "¡Sin miedo, sin miedo! ¡Libertad!"

El número creció. Algunos fueron llevados y torturados. Pero en vez de dispersarse, vinieron más, miles más. A los creyentes se unieron otros que no lo eran, y nadie parecía tener miedo. La gente se acercaba a los soldados, descubriéndose el pecho frente al cañón de los fusiles, declarando: "¡Estamos ganando! ¡Abajo con Ceausescu!" Las publicaciones noticiosas dijeron que "cientos, quizás miles de hombres, mujeres y niños desarmados fueron matados en diciembre de 1989", pero la multitud seguía creciendo. La gente se acercaba a los soldados y se arrodillaba en oración frente a ellos.

La llama se había encendido. El ejército cambió de parecer y luchó a favor del pueblo contra la policía secreta, y el brutal reinado de Ceausescu terminó antes de la Navidad de 1989. Los periódicos de la nación reportaron: "La banda de miedo y de terror ha sido rota." Miedo y terror; las mismas potestades de espíritu contra los que Dios había llevado a orar a un pequeño grupo dos años antes.

Esta es sólo una de las historias. Muchas otras personas estaban orando, no sólo por Rumania, sino por toda Europa Oriental. En los últimos treinta años, la mayor parte de la iglesia ha enfocado su oración por la iglesia sufriente en el mundo comunista. Lo que ha acontecido allí es prueba de que las oraciones enfocadas contra los principados y potestades quebrantan su poder. No obstante, todavía necesitamos orar para que Dios mantenga esta precaria puerta abierta en la Europa Oriental.

Potestades

La tercera función en la jerarquía de Satanás es de "potestades" o "fortalezas". Estas se refieren a géneros de maldad y a los demonios consignados a esos pecados. Indica un esfuerzo concentrado hacia el aumento de ciertos males.

¿Cómo es que un diablo derrotado tiene tal dominio en la tierra? Cuando era jovencito, recuerdo que oí a un predicador proclamar que el diablo estaba derrotado. El decía: "Jesús derrotó al diablo. Tenemos la victoria. El está fuera de combate. Está absolutamente cesante." Yo salí de la iglesia pensando: "Si el diablo fue vencido hace dos mil años, ¿por qué sigue todavía en nuestro pueblo?" No era difícil ni para un jovencito ver lo activo que estaba este diablo derrotado.

Es cierto que Satanás fue total y eternamente vencido. Su derrota es una verdad digna de celebrar. Pero igualmente de cierto es que este derrotado diablo está ocupado en la tierra hoy. ¿Cómo puede ser? El está activo en nuestra sociedad en el grado que la gente esté pecando y viviendo egoístamente. El tiene precisamente la cantidad de autoridad que le damos cuando vivimos en oposición a Dios. Existe también un residuo de los que pecaron a lo largo de la historia. La libertad del diablo de moverse en nuestra sociedad es un regalo para él de gente como usted y yo que ha pecado y continúa viviendo egoístamente.

La actividad de Satanás está determinada también por la naturaleza de nuestro pecado. La manera en que pecamos le permite a Satanás ejercer influencia en conexión con esos pecados. El usa "comisiones de poder", o fuerzas demoníacas comisionadas de acuerdo con el tipo de mal al que nos entregamos. De esa manera tenemos potestades de codicia, homosexualidad, depresión, miedo, brujería, etcétera. Puede haber tantas potestades como hay pecados.

No quiere decir esto que el diablo tenga una biblioteca de potestades. El no saca la lujuria del estante y la lanza sobre una ciudad, haciendo que todos en la ciudad se entreguen a la lujuria. No opera así. No obstante, una ciudad, y hasta un país, puede colectivamente entregarse a la lujuria u otros pecados. A causa de la concentración de miles de elecciones individuales en ese lugar, se establece una comisión de poder de esos pecados en particular. Por eso una ciudad puede caracterizarse como una capital de la pornografía, mientras que otra puede ser conocida por sus actividades ocultistas, y otra como un centro de codicia en los juegos de azar.

Las comisiones de poder entran en las familias también cuando éstas se entregan a pecados en particular. Hasta iglesias, aunque representantes de Cristo, pueden tener comisiones de poder. Una iglesia con una historia de divisiones y contienda puede tener una comisión de poder de división y contienda. Países, ciudades, grupos sociales y hasta individuos pueden tener comisiones de poder. En algunos casos, las luchas de un pueblo o lugar se pueden trazar cientos de años en el pasado cuando la gente se entregaba allí a prácticas específicas de maldad.

En la guerra espiritual, Dios nos puede mostrar la naturaleza de las potestades en una situación particular. En hogares, en ciudades y en naciones, Dios puede y nos dará una indicación de las potestades atrincheradas allí. Pero nunca es para sólo saber quiénes son esos poderes sin hacer nada. Debemos emprender la acción. Dios no satisfará simplemente nuestra curiosidad.

Tres cosas que debemos hacer

1. Debemos evitar la influencia.

Si me encuentro en una casa llena de contienda, debo tener cuidado de no ser atraído a la contención. Algo semejante ocurre a muchos bienintencionados creyentes que pierden la oportunidad cuando hablan con mormones o testigos de Jehová. Los creyentes comienzan comunicando la verdad, pero pronto son arrastrados por el espíritu contencioso. La contención jamás los ganará a Cristo porque es el mismo espíritu bajo el que operan estos grupos. Debemos compartir la verdad bajo el espíritu de verdad.

2. Debemos orar específicamente contra las potestades de espíritu.

Dios nos mostrará el espíritu en particular que ejerce su influencia para que nuestras oraciones sean específicas. Podemos entonces romperlas en el nombre de Jesús, e interceder para que el Espíritu Santo venga a sanar la situación. Cuanto más específicos seamos en oración, más eficaces serán éstas. Por ejemplo, cuando vemos un patrón de esclavitud en una familia por generaciones, necesitamos reconocerlo sencillamente y entonces, en oración, ordenarlo que se rompa en el nombre de Jesús. Si es una potestad sobre una región más amplia, como una ciudad o una nación, se necesitará más gente orando en unidad por un tiempo más largo para hacerlo retroceder.

3. Debemos vivir en el espíritu opuesto.

Vivir en el espíritu opuesto significa que cuando veamos prevalecer la codicia en una situación, nos volvemos generosos; sujetos, desde luego, a la dirección de Dios en nuestra manera de dar. Significa también que si encontramos depresión, decidimos alabar a Dios y regocijarnos en todas las cosas. Si vivimos en el espíritu opuesto, correspondiendo con la influencia opuesta, derribaremos esas potestades opuestas. Dios no nos llama a actuar ocasionalmente en respuesta a las potestades, sino a vivir diaria, total y completamente ocupados en la guerra espiritual. Viviendo continuamente en el espíritu opuesto ante las potestades de las tinieblas y la gente, nos abrimos paso y cambiamos lo que está allí.

Periódicamente llevo equipos de evangelización a diferentes partes del mundo, y en cada lugar buscamos a Dios para que nos muestre las potestades predominantes que operan allí. Un país tiene el índice más alto de suicidios en el mundo. Un alto número de misioneros han regresado de allí deprimidos y derrotados. No se requiere una percepción especial para ver que las potestades de depresión han hecho su hogar en ese lugar. Durante una actividad misionera de corto tiempo en ese país, después de estar ahí sólo dos semanas, se me acercaban individuos diciendo:

"Me siento muy deprimido."

"No estamos haciendo nada aquí."

"Soy un inútil."

Si no reconocemos las potestades específicas en un lugar, podemos volvernos susceptibles a su influencia.

Otra cosa de la que debemos percatarnos respecto de la jerarquía de Satanás, sus gobernadores, principados y potestades es que la división de estas funciones no es inflexible. La podríamos comparar con una corporación humana con varios vicepresidentes, llevando cada uno diferentes carteras de responsabilidad. Es lo mismo con los gobernadores, los principados y las potestades. A veces un principado puede ser también un gobernador, ejerciendo dominio sobre una estructura humana de autoridad. Una potestad puede ser también un principado, como en el caso de los que dominaban sobre Rumania. El mismo demonio puede tener varias funciones.

Muchas actividades del enemigo son funciones que se cruzan en las regiones celestes. Si pedimos al Espíritu Santo, él revelará la manera de obrar de Satanás en un lugar o situación. Entonces podemos marchar en contra de sus obras con oración específica. El Señor pudiera llevarnos a orar contra un principado sobre un país, o contra un espíritu que ataca las familias, o contra un demonio que mantiene a la gente en el ateísmo. De esa manera estaremos frustrando los planes de Satanás en la tierra. Simple obediencia en la oración es muchísimo más importante que los intentos de definir las intrincadas categorías del mundo espiritual.

Componente #2: Los poderes de las tinieblas

Otra manera en que Satanás asalta a la humanidad es por medio de los poderes de las tinieblas. "Huestes espirituales de maldad" (Efesios 6:12) es un término bíblico que muestra la obra del reino de Satanás. Los poderes de las tinieblas hacen dos cosas: Mienten y tratan de impedir la propagación de la verdad.

Espíritus mentirosos

Debemos entender que un bastión de espíritus demoníacos ha sido enviado a este planeta para mantener en tinieblas la mente de los hombres. Estos seres nos engañan acerca de cualquier cosa, desde simples y pequeñas mentiras, hasta las grandes y complicadas como el hinduismo, el islamismo y el budismo. Por ejemplo, un espíritu mentiroso es el ángel Moroni. Este demonio, que se acuarteló en Salt Lake City, EE.UU., está cegando a millones de personas en todo el mundo. Conocemos el nombre de este espíritu mentiroso debido a su aparición a José Smith. Pero creo que hay otros demonios que no conocemos, que están asignados a cada religión y secta principal en la tierra. "El dios de este siglo cegó el entendimiento de los incrédulos, para que no les resplandezca la luz del evangelio de la gloria de Cristo, el cual es la imagen de Dios" (2 Corintios 4:4).

Muchos hemos creído cosas en el pasado que ya no creemos. Estábamos en cierta medida de oscuridad. Nuestra vida entera es un proceso de adquirir más luz, de ver expuesta la mentira y de abrazar la verdad de la Palabra de Dios. La tarea del enemigo es estorbar continuamente este proceso, escondiendo la luz y cegándonos con falsedades. Una constante andanada de mentiras está dirigida a la mente de cada persona. Estos espíritus nos mienten acerca de Dios, nos dicen que él no existe, o que no es bueno y amante. Nos ofrecen conceptos erróneos acerca de otros. O nos dicen mentiras acerca de nosotros, haciendo que nos odiemos a nosotros mismos. Todo eso es tinieblas.

Enormes conspiraciones de mentiras

Como ya he mencionado, a veces las mentiras del enemigo son una compleja red de ideas. Las religiones falsas y las filosofías engañosas no son una pequeña actividad en la tierra. La profundidad y complejidad de estas creencias, y los muchos tributarios de donde emanan para formar una corriente, son evidencias de una enorme conspiración para engañar a los hombres. La efectividad de estas mentiras es vista en enormes grupos sociales. En 1 Timoteo 4:1, Pablo predijo el surgimiento de "espíritus engañadores" y "doctrinas de demonios".

Toda secta y religión impía en el mundo se deriva de la compleja red de engaño de Satanás. Este sistema ha sido concebido en los antros del infierno, cuidadosamente trabajado para esclavizar la mente. En tiempos recientes, hemos sido inundados por pensamientos que parecen occidentales, pero que son muy orientales. El llamado Movimiento de la Nueva Era, no es más que la "antigua" mentira dicha a Eva en el huerto:

> *Tú puedes ser un dios y establecer tu propia realidad, tu propia verdad, y tu propia moralidad. No tienes que morir; puedes reencarnarte. Dios no es una persona; es una fuerza que está en todos y en todo. Tú puedes descubrir esta energía que lo impregna todo si presentas tu persona a una consciencia superior y más profunda del yo.*

Este supuestamente *nuevo* esclarecimiento es realmente tinieblas *viejas*, y ha estado en el centro de toda religión y secta falsas a través de la historia. Ahora podemos ver su mensaje en la música de la actualidad, programas populares de televisión, películas, tendencias y seminarios. Ha cautivado a algunas figuras célebres de Hollywood, a algunos oficiales del Pentágono y hasta ha llegado a las escuelas primarias de la localidad. Los creyentes debemos poder detectar esta mentira y combatir su influencia.

Ni político ni científico

Otros sistemas pudieran parecer no estar relacionados, pero lo están. Es difícil criticar el comunismo o la teoría de la evolución sin ser catalogado inmediatamente como fundamentalista de derecha. Pero el comunismo y la teoría de la evolución están cubiertos por delgadas capas de política y de ciencia. Sin hacer caso a sus adornos políticos y científicos, necesitamos verlos desde la perspectiva de la guerra espiritual. El comunismo, más que ningún otro sistema, ha intentado fervientemente impedir el avance del evangelio, aplastar a la iglesia y quitarle a la gente su esperanza en Dios. Cuando cualquier filosofía o ideología se opone a Dios, ya no es primordialmente política sino espiritual.

Las credenciales científicas de la teoría de la evolución tampoco son de ningún significado desde el punto de vista de la guerra espiritual. En vez de polemizar sobre estratos y fósiles, sólo tenemos que ver los resultados de la teoría de la evolución en el corazón y la mente de los hombres. La teoría de la evolución ha sido el pozo negro de donde han salido el comunismo, el humanismo, el existencialismo y hasta el nazismo. Es una filosofía anti-Dios, justificada por proposiciones ridículas y hábilmente disfrazada de ciencia. Ninguna otra filosofía vomitada sobre este planeta ha dañado más almas que la de la evolución. Ningún competidor de las entrañas del infierno cuenta con la mitad de su astuto engaño.

Para los creyentes, las religiones, las filosofías y las ideologías tienen que llegar a ser factores importantes en la guerra espiritual. Como guerreros espirituales, podemos enfrentarlas orando y luchando contra ellas en la dimensión espiritual. Y podemos ocuparnos de ellas estando continuamente de parte de la verdad. Nuestra posición debe ser contra toda forma de mentira. Los creyentes debemos ser los guardianes y proclamadores de la verdad.

Espíritus que tratan de impedir la propagación de la verdad

Estas fuerzas no sólo están interesadas en propagar mentiras, sino también en impedir la propagación de la verdad. Pudiera no ocurrírsenos con frecuencia, pero hay fuerzas demoníacas asignadas a estorbar la predicación del evangelio. Se las podría llamar antievangelistas espirituales, que hacen todo lo que está a su alcance para impedir que los creyentes comuniquen el evangelio y que la gente lo escuche.

Muchos de nosotros vemos la evangelización como algo que hacemos si tenemos la oportunidad. Algunos recibirán nuestro mensaje y otros no. A veces no nos sentimos con ánimo para evangelizar. Sabemos que tenemos la responsabilidad de comunicar el evangelio, pero no somos muy entusiastas. ¿Se ha puesto a pensar por qué? ¿Por qué se siente tan incómodo? Y ¿por qué no hay más gente que responda cuando finalmente presentamos el evangelio? ¿Pudieran haber fuerzas de las tinieblas obstaculizando nuestras actitudes y esfuerzos en la evangelización? Existe un sistema demoníaco procurando disuadirnos de que evangelicemos. Estos seres dicen: "No seas un fanático de la Biblia. Tú no eres evangelista. Haces el ridículo. La gente te rechazará. ¿Por qué piensas que tienes la razón y ellos no? No lo hagas."

Dos cosas que aborrecen los demonios

Además de la intercesión, hay dos cosas en la vida de los creyentes que las potestades de las tinieblas aborrecen, y son la humildad y la evangelización eficaz. La humildad arranca las raíces del orgullo y el engaño en la vida de quienes domina Satanás. El fue derrotado por la humildad de Cristo en la cruz. Las potestades de las tinieblas también aborrecen la evangelización porque invade su territorio.

Podemos tener toda clase de reuniones, servicios de cantos y sociedades para recibir bendiciones. Al diablo lo tiene completamente sin cuidado. Pero si entramos en su territorio y comenzamos a liberar las almas de su dominio, tenemos que estar preparados para una guerra sin cuartel. El nos mentirá respecto a nuestra capacidad. Tratará de infundirnos miedo. Retendrá nuestras finanzas para que no podamos ir al campo misionero. No se detendrá en nada para impedirnos difundir el evangelio. No sólo debemos aprovechar las oportunidades que se nos presentan, sino que tenemos que asumir la ofensiva. Tenemos que tomar la determinación de comunicar el evangelio.

De acuerdo con Lucas 10:2: "La mies a la verdad es mucha, mas los obreros pocos; por tanto, rogad al Señor de la mies que envíe obreros a su mies." Nunca debemos suponer que la predicación del evangelio sea suficiente. Ni tampoco es suficiente cuando enviamos a más personas. No importa cuántos creyentes respondan al llamado de Dios de "ir por todo el mundo", los obreros son todavía pocos a la luz de las fuerzas de las tinieblas que procuran impedirlo. Los obreros serán "pocos" mientras quede una sola alma que salvar.

¿Debiera desanimarnos esto? No. Pero tenemos que aprender que no podemos separar la guerra espiritual de la evangelización mundial. ¿Qué podemos hacer? ¿Sólo orar y reprender al diablo? Si estamos en una habitación oscura, no reprendemos a la oscuridad. Encendemos la luz. Si queremos quitar la oscuridad del mundo, debemos hacer todo lo que esté a nuestro alcance para encender la luz de Jesucristo. Debiéramos cantar, predicar, escribir, dramatizar; es decir, hacer lo que sea necesario para proclamar el evangelio. Nunca debiéramos oponernos a ningún método si proclama la verdad. Y continuamente debemos estar ocupados en la guerra espiritual juntamente con la evangelización. "Así que, hermanos míos amados, estad firmes y constantes, creciendo en la obra del Señor siempre, sabiendo que vuestro trabajo en el Señor no es en vano" (1 Corintios 15:58).

Componente #3: Ataque sobre el individuo

La tercera fuerza de asalto en favor del reino de las tinieblas es llevada a cabo por los espíritus malignos. Estos espíritus no están interesados en las zonas geográficas, ni en el comunismo, sino en el individuo. Los espíritus malignos ejercen su influencia sobre la conducta individual. Ya hemos tratado ampliamente en el capítulo cuatro de la manera en que estas fuerzas atacan al individuo; especialmente mediante la mente, el corazón y la boca. Los espíritus tentadores fomentan el pecado y, si salen airosos, llevan a la gente a la esclavitud.

El interés de estos espíritus no es un grupo, sino un *individuo*. Hablamos ya de los ángeles guardianes. Es posible también que haya un demonio asignado a cada uno de nosotros. Esto no debiera alarmarnos, porque somos protegidos por el poder de Dios si hemos aceptado a Jesús como Salvador. No obstante, Satanás está interesado en el individuo.

Los espíritus malignos procuran ejercer su influencia sobre nuestra conducta. Somos tentados constantemente para hacer el mal por la presión del enemigo sobre nuestros pensamientos, actitudes, apetitos y voluntad. Pero note que es una influencia y no una causa. Flip Wilson tenía una rutina popular en la década de los sesenta llamada: "¡El diablo me obligó a hacerlo!" Esto pudiera ser buena comedia, pero no es verdad. La gente afirma ser impotente, pero no lo es. Por ejemplo, un cleptómano no roba cuando sabe que lo están vigilando.

Descenso a la esclavitud

Sin embargo, existe una progresión. Todo lo malo comienza con una **influencia**. Somos tentados; sentimos deseos de hacerlo.

Podemos pedir la gracia de Dios y rechazarlo, o podemos consentir. Si cedemos a la influencia, cargamos un "**peso en nuestra voluntad**". Será más fácil cometer ese pecado en particular la segunda vez. Con cada repetición, el pecado se vuelve más fácil conforme comenzamos a **adormecer nuestra consciencia**. Podemos llegar al punto donde el pecado ya no parece malo. Así es cómo un asesino a sueldo puede matar a alguien y después ir a disfrutar de una buena cena. Ya no le molesta más.

Si continuamos en la maldad, desarrollamos "**hábitos de pecado**". Los hábitos pueden ser muy fuertes. Dos errores comunes ocurren en este punto. Primero, llegamos a convencernos que es nuestra naturaleza básica y que no tiene cura. Segundo, pensamos que estamos poseídos. Esto no es verdad; no estamos poseídos aún. Es sólo un hábito, profundamente arraigado, como muchas otras cosas que hacemos sin pensarlas. Por ejemplo, cuando voy a Nueva Zelanda, conducir un auto es muy interesante. Cuando manejo, el volante del auto está al lado derecho en vez del izquierdo. Me salgo del flanco de la acera hacia la derecha y tengo que concentrarme para quedarme en el carril izquierdo. Sencillamente, no puedo conducir por el lado derecho, y cuando me detenga un policía explicarle: "¡No lo puedo remediar! Usted no conoce mi trasfondo. Conducir por el lado derecho ha estado en mi familia por generaciones. Toda mi vida la he pasado en una atmósfera de conducir a la derecha. Soy humano; tengo debilidades. ¡No puedo cambiar inmediatamente! ¿Podría conducir en el centro por un tiempo, sólo hasta que me acostumbre?"

No, no puedo hacerlo. La primera vez que conduje al lado izquierdo de la calle, lo hice inmediata y airosamente; no hubo "demonio de conducir en el carril derecho" del que tuviera que ser liberado. Sencillamente rompí el hábito de años. Los patrones habituales pueden ser profundos, pero pueden ser rotos con la gracia de Dios y nuestro compromiso a hacerlo.

Sin embargo, si continuamos en un hábito de pecado, podemos desarrollar una **atadura**. Una atadura significa que existe un elemento sobrenatural en nuestro problema. El enemigo tiene ahora un asidero en una función de nuestra personalidad. Hemos hablado tradicionalmente de una progresión de gente obsesionada, oprimida o poseída. Pero yo he dejado de usar estas palabras porque es difícil definir dónde termina una y comienza la otra. La palabra "poseído" no aparece en las Escrituras originales; la palabra es sencillamente "endemoniado". A esto llamo una atadura.

Es posible tener una atadura que no consuma totalmente su personalidad y función; estar solamente atado en cierta parte de su personalidad. Cualquiera que sea la atadura y el grado, si usted está atado, necesita ser liberado en el nombre de Jesús.

La guerra espiritual se ocupa de dos niveles: el nivel mayor, o cósmico, y el nivel individual, el personal. Cuando enfrentamos el reino de las tinieblas, nos enfrentamos a los gobernadores, los principados y las potestades en naciones, grupos sociales y en las estructuras de autoridad. Y debemos liberar de las ataduras a los individuos mediante la oración, la intercesión y el ministerio personal. Estamos firmes contra las influencias malignas en sus vidas así como en la nuestra. Debemos proceder con resolución en nuestros esfuerzos por comunicar el evangelio y llevar la luz dondequiera que haya tinieblas. No es una tarea demasiado grande, si seguimos aprendiendo lo fuerte que podemos ser en el Señor. Podemos llegar a ser hombres y mujeres que ejerzan la autoridad dada por Dios, y alcanzar victorias en todos los niveles.

CAPITULO OCHO

Usando la autoridad que Dios le dio

Es posible desanimarse por el tamaño y la complejidad de las fuerzas de Satanás. No obstante, Dios ha establecido un ejército aún más fuerte. Somos nosotros; cada creyente; *usted.* ¡Quizás esto lo desanime aún más! Pero hay esperanza. Si no tenemos confianza en el ejército de Dios formado por los creyentes, si estamos inseguros de nosotros mismos, es porque todavía no sabemos quiénes somos, o en la autoridad de quién operamos.

Si yo le preguntase si los creyentes tienen autoridad sobre las potestades de las tinieblas, usted probablemente respondería: "¡Amén, hermano!" Pero ¿qué sucedería si de repente usted fuera confrontado por una persona endemoniada? ¡Quizás solicite la ayuda de su pastor, y él a su vez llame a otro pastor! No estamos convencidos de que tenemos autoridad. Lo sabemos mentalmente, somos los primeros en declarar que sí. Pero no podemos proceder con autoridad espiritual porque en lo íntimo tenemos dudas. ¿Por qué? Porque hemos errado confundiendo nuestra autoridad con nuestras emociones.

Lo que la autoridad no es

Hay días cuando salimos de la iglesia rebosando de confianza. La enseñanza fue tremenda, la adoración maravillosa, y estamos listos para retar al diablo. Dos días después, estamos preguntándonos si somos salvos. Confundimos nuestra autoridad con nuestro sentir.

Algunos piensan que la autoridad va con un cierto tipo de personalidad. Hablamos de alguien como "hombre de autoridad". Lo que realmente decimos es que ese hombre tiene el tipo de personalidad que asociamos con la autoridad. Quizás sea alto, tenga una voz profunda, arrugue el entrecejo, apriete los puños y hable con firmeza. El tímido y reservado dice: "Bueno, no soy del tipo autoritario." Pero la base de nuestra autoridad no es la personalidad o los sentimientos. No es el producto de nuestra madurez o de cuánto tiempo hayamos sido salvos. Todo creyente necesita saber la base de su autoridad espiritual.

El enemigo hará cualquier cosa a su alcance para impedir que nos convenzamos de nuestra autoridad. Si él puede hacernos pensar que la autoridad es un sentimiento, logrará que no hagamos nada cuando no nos *sintamos* seguros. No presentamos ninguna amenaza para Satanás si estamos inseguros. Titubearemos constantemente a menos que confiemos en la realidad de nuestra autoridad. Quizás el mayor temor de Satanás sea que nos convenzamos de nuestra autoridad y caminemos seguros en ella.

En este capítulo veremos que la base de nuestra autoridad espiritual es legal. Es una realidad legal que no fluctúa por causa de nuestra incredulidad, y es tan real como cualquier transacción. En realidad, es un arreglo legal semejante al matrimonio. Cuando pregunto a una persona si es casada, nunca oigo: "Bueno, no estoy seguro. A veces me siento casado, y otras no estoy seguro." Siempre responden "Sí" o "No". Si somos casados, estamos totalmente convencidos de ello siempre, y tenemos un documento legal que lo prueba. Los sentimientos, los pensamientos y las personalidades no cambian la realidad de ese arreglo legal.

Nuestra autoridad espiritual es tan real y legal como el matrimonio. No es sólo un concepto; es una realidad.

¿Cómo la perdimos?

Para poder entender cómo funciona la autoridad, tenemos que regresar al principio. Cuando Dios hizo a la humanidad en el huerto del Edén, creó al hombre diferente de los animales. Le dio libre albedrío, así como dominio o autoridad. Toda la autoridad estaba en manos de Dios, pero en el huerto, una porción limitada de esa autoridad cambió de manos. Dios delegó una parte al hombre y nunca la ha retomado. Por eso es que la gente hace ahora todo tipo de maldades y Dios no se lo impide.

Algunos sienten que esta transferencia de autoridad ha disminuido la de Dios o su soberanía. De ninguna manera. Dios tuvo, Dios tiene y Dios siempre tendrá toda autoridad. El tiene jurisdicción total sobre todas las cosas. El es todopoderoso, y gobierna sin límites o dudas. Sin embargo, Dios puede delegar porciones de su autoridad.

Los presidentes de grandes corporaciones ocupan a gente y la emplean como directores, gerentes y supervisores. Cada puesto conlleva una serie de responsabilidades y la autoridad para cumplirlas. La de estas personas es una porción de la autoridad del presidente. Esta sigue todavía bajo su control, pero está delegada en varios empleados. Así Dios ha delegado autoridad en el hombre, pero todavía reina sobre él.

Satanás estaba en el huerto en forma de serpiente cuando Dios le dio autoridad al hombre. Más tarde, el diablo se acercó a Eva. ¿Por qué? ¿Por qué hizo tal esfuerzo para engañarla? Lo hizo en parte para desquitarse de Dios; para herirlo. Pero había más. Adán y Eva tenían algo de tremendo valor para él. Satanás quería lo que Dios le había dado al hombre. Aunque estaba en el planeta, el diablo no tenía autoridad ni jurisdicción sobre la tierra. Se daba cuenta de que la autoridad es una realidad con base legal, así que se acercó a Eva y la tentó. Lo que realmente dijo es: "¿Por qué no me das un poco de tu autoridad?"

Satanás sabía que el hombre podía usar o malgastar lo que le habían dado. Cuando el hombre desobedeció a Dios, Satanás pudo usurpar la autoridad del hombre. De la misma manera en que Dios transfirió un poco de su autoridad al hombre, así el hombre se la pasó a Satanás.

Sin embargo, Satanás no tiene autoridad completa. El no puede simplemente gobernar el mundo. El opera hoy de la misma manera que lo hizo en el Edén, usurpando lo que Dios le ha dado al hombre. El hombre cedió su autoridad a Satanás, pero éste sólo la puede usar a través de aquél. El sólo puede ejercer su *influencia* en el mundo a tal grado que el hombre elija pecar y vivir en desobediencia a Dios. A esto podemos llamarle equilibrio de poder.

Después que el hombre pecó en el huerto, Dios reprendió a todos los participantes y les dijo: "Y pondré enemistad entre ti y la mujer, y entre tu simiente y la simiente suya; ésta te herirá en la cabeza, y tú le herirás en el calcañar" (Génesis 3:15).

Dios prometió herir la cabeza de Satanás, no directamente, sino por medio de la simiente de la mujer. La simiente de Satanás a su vez heriría el calcañar (talón) de la humanidad. Esto estableció las bases de la guerra espiritual. Satanás opera por medio de la humanidad para llevar a cabo su obra en la tierra. Y Dios obra por medio de la humanidad para derrotar al enemigo. Esto es lo que ha venido sucediendo en el transcurso de la historia.

El ataque sobre los niños

"Enemistad" significa una barrera de contienda o disensión. La "simiente de Satanás" es lo que éste engendra. Puesto que no puede tener hijos, su simiente es lo que él puede producir en los hombres. La simiente de la mujer son tres cosas: Primeramente, son todos los nacidos de Eva: el género humano. El ataque sobre la simiente de la mujer se ve principalmente en todos los niños de la humanidad.

Es fácil advertir, a lo largo de la historia, y en la actualidad, que Satanás ataca celosamente a los niños, buscando su esclavitud y su destrucción. La enemistad entre los niños y el enemigo es especialmente fuerte. Los niños son tiernos e inocentes, la "simiente de la mujer". Desde los fuegos de Moloc, en tiempos del Antiguo Testamento cuando padres sacrificaban a sus bebés recién nacidos en los brazos incandescentes de los ídolos, hasta las atrocidades de las guerras actuales, el aborto, el vicio de las drogas y la pornografía infantil, los niños están bajo el ataque directo de Satanás.

Segundo y tercero, la "simiente de la mujer" se refiere a los hijos de Israel y al Señor Jesucristo.

Dios proclamó que la simiente de Satanás heriría el talón del hombre. Si un hombre tiene un talón herido, no puede ir muy lejos o tan rápido como podría. Los resultados del pecado han herido el talón de todo hombre. Nuestro cabello se cae o se torna canoso. Nos arrugamos y perdemos la vista. Nuestra fuerza mengua y nuestra mente es más lenta. Desde el momento en que nacemos nos encaminamos hacia la tumba. Romanos 5:12 dice: " . . . el pecado entró en el mundo por un hombre, y por el pecado la muerte, así la muerte pasó a todos los hombres." Esta es la herida en el talón.

¿Por qué es tan violento el Antiguo Testamento?

Dios también prometió a Satanás que la simiente de la mujer lo heriría en la cabeza. Yo pienso que Satanás se preocupó mucho por esta promesa de juicio. Comenzó a mantener sus ojos abiertos, buscando la simiente. Efectivamente, Eva concibió "simiente". Dio a luz a dos hijos: Caín y Abel. Cuando crecían, Satanás logró influir en Caín, pero vio que Abel era muy parecido al Dios que conocía. Recordando que lo herirían en la cabeza, y percibiendo una amenaza en la simiente, quizás Satanás provocó a Caín para matar a Abel. Pero ni eso detuvo el plan de Dios. Eva dio a luz a Set y, con el tiempo, por medio de Set vino la nación de Israel y finalmente Jesús.

La historia de Caín y Abel es realmente la de toda la humanidad. En realidad, viéndolo desde el punto de vista de la guerra espiritual, el Antiguo Testamento puede resumirse en dos planteamientos:

- Es el documento histórico de Dios que lleva la simiente de la mujer en la nación de Israel para traer a Jesucristo al mundo.

- Es la historia de los intentos de Satanás de corromper y destruir la simiente que lo heriría en la cabeza.

Esta es la razón por la que hubo tanta lucha y violencia en el Antiguo Testamento. Desde Adán y Eva, pasando por Noé, Abraham, David y María, Dios llevó adelante la simiente de la mujer mientras Satanás hacía todo lo que podía para destruirla.

Muchos creyentes se asombran por la violencia y la brutalidad del Antiguo Testamento. Algunos rehuyen leerlo por miedo de que les haga dudar de la misericordia de Dios, según la muestra el

Nuevo Testamento. Pero tenemos que saber que las luchas del Antiguo Testamento fueron para la preservación de la simiente de la mujer que resultaría en Jesucristo.

Una lucha por la humanidad

A través de todo el Antiguo Testamento, Satanás procuró desesperadamente destruir o corromper la simiente de la mujer, que él sabía que estaba en los hijos de Israel. Parecía que todo el mundo peleaba contra Israel. ¿Por qué naciones como los amalecitas intentaban destruir a Israel, a menos que las fuerzas demoníacas los incitaran, esperando acabar con la simiente de la mujer? La batalla por preservar la simiente era contra sangre y carne. La sangre se derramó y se mostró poca misericordia a los que amenazaban la simiente.

Estas luchas fueron físicas y ocurrieron en la dimensión terrenal y, no obstante, Israel estaba en medio de una guerra espiritual. Las batallas eran *físicas* porque la simiente de la mujer era una *simiente física* que traería a la tierra una *manifestación física* de Dios *para morir físicamente* en la cruz. Para que Satanás destruyese la simiente tendría que haber una victoria física. Era una lucha que determinaría si el Mesías vendría o no a la tierra. Era una lucha por la salvación de la humanidad.

¿Por qué había que matar bebés?

¿Por qué consentía Dios que mataran a bebés? Y ¿por qué permitía que Israel destruyera una tribu y dejara en paz a otra? ¿Padecía Dios de días malos? ¿Era cruel un día y bondadoso el siguiente? ¿Estaba tan enojado y era tan vengativo que perdía su serenidad? Podemos escoger entre varias respuestas: Podemos dudar del carácter de Dios, pensar que es cruel; podemos pasar desapercibidas estas cosas, negándonos a hacer preguntas y admitir que tenemos dudas; o finalmente, podemos confiar en el carácter de Dios, sabiendo que si él ordenó que mataran a tribus enteras, es porque tenía buenas razones.

"Porque justo es Jehová en todos sus caminos, y misericordioso en todas sus obras" (Salmo 145:17), sabemos que aún cuando mandaba juicio, tenía buenos propósitos; propósitos de vida.

Las luchas en el Antiguo Testamento frecuentemente tenían implicaciones sexuales. Una gran parte de las religiones paganas era sexual. Por ejemplo, la sodomía, el lesbianismo y la bisexualidad no sólo eran promovidas, sino ordenadas en los rituales de adoración a Asera y Baal.[1] Conociendo Satanás la debilidad de los hombres, los sedujo para que adorasen ídolos, y esto casi siempre incluía actividades sexuales. Usando la seducción y la perversión sexual, Satanás procuró corromper la simiente antes que ésta lo hiriese en la cabeza.

Fue posible que esta actividad sexual produjera también una tremenda cantidad de enfermedades venéreas, retardo mental, deformidades y hasta la muerte. Las enfermedades venéreas desenfrenadas podían destruir una ciudad entera. ¿Sería por eso que Dios ordenó en ocasiones la destrucción total de los enemigos de Israel? Hubo casos en que Dios mandó matar a todo hombre, mujer y niño, y hasta el ganado.

Un acto radical de misericordia

Dios ha sido siempre justo y bondadoso. No fue malo en el Antiguo Testamento y bondadoso en el Nuevo. El nunca ha cambiado. Yo creo que en ocasiones, Israel fue confrontada por tribus infectadas con enfermedades. Estas tribus vivían en total desobediencia a Dios, adoraban a los dioses más viles y eran usadas por el diablo con la intención de destruir a Israel, quizás hasta a toda la raza humana. La única manera de librar a la humanidad de esa amenaza y proteger la simiente de la corrupción, era que Dios quitara esas tribus de la faz de la tierra. Era un acto radical de misericordia y amor hacia toda la humanidad.

Aunque los intentos de Satanás de destruir y corromper la simiente no dieron resultado, hubo ocasiones en la historia de Israel cuando el pueblo fracasó. Con frecuencia pecaron, yendo tras dioses falsos, pero siempre hubo algunos que permanecieron fieles, preservando la simiente. Finalmente, cuando el tiempo fue absolutamente perfecto, Dios cumplió su promesa. Gálatas 4:4 dice:

---

[1]Pratney, Winkie, *Devil Take the Youngest*, Shreveport, Huntington House, 1985.

"Pero cuando vino el cumplimiento del tiempo, Dios envió a su Hijo nacido de mujer" (la simiente de la mujer).

Cuando Satanás no pudo destruir la simiente de la mujer antes del nacimiento del Mesías, redobló sus esfuerzos para destruir al niño Cristo. Incitó a Herodes para que matara a los niños menores de dos años en Belén (vea Mateo 2). Miles de bebés fueron sacrificados brutalmente; todo en el intento de destruir la simiente. José y María se vieron obligados a huir a Egipto para impedir la muerte del niño Jesús.

Jesús creció en Nazaret, pero tenemos muy poca información de esos años. Podemos estar seguros, sin embargo, que Satanás procuró su destrucción, tanto física como moral. La Biblia dice en Hebreos 4:15 que Jesús "fue tentado en todo según nuestra semejanza, pero sin pecado". Pereciera que Satanás continuaría sus esfuerzos para corromper la simiente. Jesús fue realmente tentado. El no sólo hizo el papel. Cuando creció y entró en su vida adulta, fue confrontado con todo lo que es común en el hombre. No hay tentación que hayamos tenido que Jesús no la haya padecido también. No obstante, Jesús prevaleció sin pecado.

La Biblia dice que Jesús vino para ser bautizado por su primo Juan en las aguas del río Jordán. Cuando fue bautizado, el Espíritu Santo vino a él en forma de paloma y una voz del cielo dijo: "Este es mi Hijo amado, en quien tengo complacencia." Después de miles de años de lucha, Dios proclamaba al mundo que aquí estaba su Hijo, la simiente de la mujer.

Los intentos febriles del diablo

Jesús salió del Jordán al desierto para ser tentado. Por primera vez, en su forma humana y verdaderamente como la simiente prometida, Jesús se presentó ante Lucifer, el arcángel caído, y probablemente a una multitud de otras potestades demoníacas. Lo que siguió no fue una ceremonia, sino una batalla campal y enardecida. Satanás ejerció toda su influencia para corromper la simiente que lo heriría en la cabeza.

Jesús no se negó a ser tentado. Después de ayunar por cuarenta días, fue tentado a convertir las piedras en pan. Fue una tentación para usar su poder espiritual para alimentarse. Por desgracia, muchos procuran usar el poder milagroso de Dios con propósitos egoístas. Jesús dijo no.

La segunda tentación fue para que Jesús saltara desde un lugar alto, sabiendo que Dios detendría su caída y lo protegería. Sería una hazaña publicitaria que atraería la atención del mundo. La importancia de Jesús sería demostrada por el hecho que él podía mover la mano de Dios para protegerlo. Las multitudes vendrían y Jesús tendría sus seguidores ese mismo día. Esta tentación era en la esfera del orgullo.

Algunos hacemos cosas para llamar la atención. Nos hacemos propaganda, resaltamos nuestros dones y talentos, y hacemos bastante bulla sólo para conseguir seguidores. A menudo nos elevamos por encima de los propósitos de Dios y salimos a probar nuestra importancia en el mundo. Pero Jesús dijo no a esto. Serviría a la humanidad entregando su vida, no manipulando la atención del hombre.

La tercera tentación era para ganar autoridad. Satanás ofreció a Jesús la misma autoridad que había robado a los hombres, si Jesús lo adoraba. Algunos sostienen que Satanás le estaba mintiendo a Jesús. Pero era verdad. Tenía que ser cierto para que fuese una tentación. Mientras el hombre viviera en el pecado y el egoísmo, la autoridad era de Satanás.

La oferta de Satanás era una tentación de poder, prominencia, control y autoridad para gobernar, sin el sufrimiento y la vergüenza de la cruz. Jesús dijo no. El derrotaría al enemigo, no mediante el poder, sino con la humildad. El afán de poder nunca cumple los propósitos de Dios. La iglesia no necesita poder sin humildad. La iglesia debiera usar el poder de Dios solamente en la humildad de Cristo.

A través de los tres años del ministerio de Cristo, la Biblia señala muchos intentos de matarlo. El escapó hasta que su ministerio fue completo. En el tiempo preciso, Jesús se entregó voluntariamente a hombres perversos para que hicieran con él lo que fuese que sus mentes malvadas inventaran. Jesús dijo en Juan 10:18 respecto de su vida: "Nadie me la quita, sino que yo de mí mismo la pongo."

¿Por qué tuvo también que sufrir Jesús?

Cualquier cosa que pudiera entrar en la mente de los hombres; la maldad más grande, depravada y obscena, los crímenes más atormentadores que el infierno pudiera inspirar; todos esos actos debieron de haber sido hechos a Jesús. No tenemos idea del dolor y la humillación que sufrió. La Biblia usa generalidades cuando describe sus sufrimientos y su muerte: Fue "despreciado y rechazado", "tratado y acusado injustamente", "objeto de burla y azotado". ¿Por qué permitió Dios que Jesús pasara por estos indecibles sufrimientos antes de su muerte? ¿Sería por que Jesús no sólo murió por nuestros pecados sino, como dice la descripción de su obra expiatoria: "El castigo de nuestra paz fue sobre él" (Isaías 53:5)? Jesús fue el objeto del odio y el rechazo, sufriendo atroz injusticia, para que tuviéramos paz cuando sufrimos lo mismo. Al igual que por fe hemos recibido el perdón y la purificación del pecado, así necesitamos creer que Dios nos dará paz durante nuestros tiempos de dolor, humillación y cuando somos traicionados.

Jesús sufrió por nosotros. Finalmente, fue clavado en la cruz y, lenta y dolorosamente, murió por nuestros pecados.

La Biblia dice que Jesús, después de morir, entró en el Hades. Las opiniones difieren sobre el Hades, pero parece evidente que consiste de dos secciones. Una, llamada paraíso, es el lugar al que Jesús se refirió cuando le dijo al ladrón en la cruz al lado suyo: "Hoy estarás conmigo en el paraíso" (Lucas 23:43). Es donde los espíritus de los justos esperan la resurrección. La otra parte del Hades es el lugar donde esperan los espíritus de los malos. Mientras estuvo en el Hades, Jesucristo visitó ambos lados. En el paraíso, predicó a los cautivos. Estos espíritus estaban cautivos porque Satanás tenía las llaves del pecado y la muerte, pero no estaban en tormento. Efesios 4:8 dice: "Subiendo a lo alto, llevó cautiva la cautividad."

La base legal para nuestra autoridad

Jesús fue también al otro lado del Hades, el dominio de Satanás. Allí, estableció la base legal para nuestra autoridad. Despojó a Satanás de la potestad que le había robado al hombre. Colosenses 2:15 dice: "Despojando a los principados y a las potestades, los exhibió públicamente, triunfando sobre ellos en la cruz." Jesucristo tiene ahora las llaves de la muerte y el Hades, y Satanás no tiene ya legítimamente el control. Apocalipsis 1:18 dice:

"Estuve muerto; mas he aquí que vivo por los siglos de los siglos, amén. Y tengo las llaves de la muerte y del Hades." Cristo quitó al diablo el derecho legal del equilibrio de poderes en este planeta.

Por eso es que Dios tuvo que hacerse hombre. Vino primordialmente para expiar el pecado. La autoridad había sido dada al hombre en, y por medio de, su libre albedrío. El hombre entonces usó ese libre albedrío para ceder su autoridad. Por lo tanto, Dios tenía que, o cancelar al hombre, cancelar su libre albedrío, o hacerse hombre él mismo. Eligió hacerse hombre para como hombre poder decir no a la tentación durante treinta años, para rechazar como hombre al enemigo en el desierto, y como hombre elegir entregar su vida y su espíritu. Estuvo dispuesto a humillarse hasta el punto de la muerte como hombre, para que, como hombre, pudiera ser apto para retomar lo que el primer hombre consintió en dar.

Cristo estableció también nuestra autoridad, destruyendo las obras del diablo. Primera Juan 3:8 dice: "Para esto apareció el Hijo de Dios, para deshacer las obras del diablo." Las obras del diablo son el "talón herido del hombre", o los resultados del pecado en la situación humana. Enfermedad, sufrimiento, depresión, ignorancia, miedo, corazones rotos, espíritus heridos, guerra, hambre y odio; la suma de todo lo que Satanás ha podido lograr en los hombres y por medio de ellos. Cristo destruyó esas obras.

Por eso es que Jesús destacó la porción de Isaías con respecto de sí mismo: "El Espíritu del Señor está sobre mí, por cuanto me ha ungido para dar buenas nuevas a los pobres [los que están en necesidad]; me ha enviado . . . a pregonar libertad a los cautivos, y vista a los ciegos; a poner en libertad a los oprimidos; a predicar el año agradable del Señor" (Lucas 4:18, 19). De acuerdo con Hechos 10:38: "Dios ungió con el Espíritu Santo y con poder a Jesús de Nazaret, y . . . éste anduvo haciendo bienes y sanando a todos los oprimidos por el diablo, porque Dios estaba con él." Jesús sanó, socorrió, liberó y ministró a todos los que encontró oprimidos por las potestades de las tinieblas.

Con la destrucción de las obras del diablo en la cruz, también nos capacitó para hacer lo mismo: alcanzar a los cautivos, los oprimidos y los quebrantados de corazón. Antes de regresar a los cielos, nos dio un mandato para contraponer las obras del diablo. Incluidas en la Gran Comisión están estas declaraciones: "En mi nombre echarán fuera demonios . . . sobre los enfermos pondrán sus manos, y sanarán" (Marcos 16:17, 18). Esta es nuestra mayordomía de la autoridad que Cristo recobró para nosotros.

Hemos cambiado de vecindario

Nuestra autoridad no está basada solamente en lo que Jesucristo hizo al diablo, sino en lo que él hizo por nosotros. Colosenses 1:13, 14 dice que Dios "nos ha librado de la potestad de las tinieblas, y trasladado al reino de su amado Hijo, en quien tenemos redención por su sangre, el perdón de pecados".

Necesitamos reconocer que nadie jamás ha venido a Cristo sin haber sido primeramente un hijo del diablo, viviendo en el reino de las tinieblas. Todos hemos estado allí. Ser creyente no es sólo tener pensamientos nuevos o actuar de maneras nuevas. No es un producto de nuestro patrimonio. Cristo no hizo mejorías simplemente en hombres buenos. Cada creyente ha hecho sus maletas y tomado residencia en un lugar nuevo. Hemos sido liberados del pecado, del egoísmo, de la muerte, de las tinieblas, de la destrucción y de nosotros mismos. Hemos sido liberados de un dominio de tinieblas y trasladados al reino de Jesucristo. A diario en nuestra vida, debiéramos recordar nuestro viejo vecindario, y recordar con agradecimiento quién fue el que nos liberó.

Actualmente estamos en uno de dos lugares. No hay tierra de nadie. O estamos en el reino de las tinieblas o en el reino del Hijo de Dios. Los creyentes que se han arrepentido, que creen en la expiación de Cristo, están definitivamente en el reino del Hijo de Dios. Necesitamos reasegurarnos de que nuestro nuevo hogar está en el reino de la luz, y nunca dudarlo. A menudo hay una obra subsecuente que necesita llevarse a cabo en nuestra vida. Pero la efectividad de la obra adicional de Cristo en nosotros está basada en nuestra confianza de que verdaderamente hemos sido trasladados.

Cristo no sólo nos libera, también nos da poder para vivir como él nos ha llamado. Podemos vivir constantes en cualquier cosa que se presente, mediante el poder de Dios que mora en nosotros. Primera Juan 4:4 dice: "Mayor es el que está en vosotros, que el que está en el mundo." Muchos creyentes nunca han vivido un minuto de victoria o de paz desde su salvación. Simplemente, no saben que el mismo poder que los sacó del pecado los puede guardar más allá del lunes y el martes. ¿Cómo vamos a aceptar el reto de los principados sobre las naciones si no podemos vivir en victoria más allá del día martes?

¿Sabemos realmente que mayor es el que está en nosotros, que el que está en el mundo? No estoy seguro de que muchos creamos realmente esta maravillosa verdad. Escucho a creyentes murmurar y quejarse respecto de sus situaciones. Se creen víctimas del liderazgo, víctimas de reglas injustas, víctimas de la iglesia donde se congregan, víctimas de su marido o víctimas de sus hijos. Pero lo que realmente dicen es: "¡Mayor es el que está en el mundo y en todas mis circunstancias, que el que está en mí!" Los creyentes están muy impresionados con la obra del enemigo en el mundo. Un hombre me dijo: "Fui recientemente a Nueva York. ¡No se imagina usted la opresión que hay en ese lugar! Sentí al enemigo en todas partes. Tuve que irme de allí." He oído a creyentes discutir sobre cuál lugar, país o ciudad era el más tenebroso y opresivo. ¿Por qué estamos tan impresionados de la opresión cuando hay algo mayor en nosotros?

Cristo (que mora en nosotros) no se atemoriza frente a Satanás

Pareciéramos pensar que los creyentes tienen un bajo grado de tolerancia a la opresión. Nos hemos convencido de que un joven cristiano no sobrevivirá si estudia en una universidad secular. Es verdad, no sobrevivirá a menos que crea que dentro de todo creyente hay un poder muy superior a cualquier cosa que el mundo y el enemigo puedan reunir.

¿Cree usted realmente que Cristo y cualquier creyente son más fuertes que cualquier fuerza en el universo? ¿Habrá un lugar donde yo pueda ir donde las fuerzas alrededor de mí sean más fuertes que Cristo en mí? ¿De qué me sirve tener a Cristo y su autoridad a mi disposición si no puedo con mi trabajo, vivir en Nueva York, testificar en el barrio de prostitutas de Amsterdam, caminar por los tugurios de Bangkok, o visitar a un hindú en su casa? Cristo en nosotros no se atemoriza cuando es confrontado por la opresión. No existe lugar, no hay circunstancia, ni hay presión en las que el creyente no sea mayor. Esta sociedad secular, humanista y hasta satánica, es *menor* que la que reside en cada creyente.

Satanás sabe que si nos puede impedir creer confiadamente en la autoridad que Dios nos ha dado, que entonces estaremos fuera de la lucha, marginados por causa de nuestras dudas, el miedo y la debilidad. Tenemos que saber que el Espíritu del Dios vivo mora en nosotros. Es una realidad que las mentiras de Satanás no pueden cambiar. Pero si no abrazamos la verdad, que mayor es el que está en nosotros, entonces es como si no fuera cierto. Estaríamos de acuerdo con las mentiras de Satanás, víctimas de nuestras circunstancias y de las potestades de las tinieblas. Mayor es el que está en nosotros. Es verdad o es falso. Tenemos que creerlo. Tenemos que declarárselo al enemigo. Tenemos que estar de acuerdo con Dios y con su verdad. Y tenemos que vivir como él nos ha llamado, sabiendo que él puede mantenernos y lo hará.

> *¿Quién nos separará del amor de Cristo? ¿Tribulación, o angustia, o persecución, o hambre, o desnudez, o peligro, o espada? Como está escrito: Por causa de ti somos muertos todo el tiempo; somos contados como ovejas de matadero. Antes, en todas estas cosas somos más que vencedores por medio de aquel que nos amó. Por lo cual estoy seguro de que ni la muerte, ni la vida, ni ángeles, ni principados, ni potestades, ni lo presente, ni lo por venir, ni lo alto, ni lo profundo, ni ninguna otra cosa creada nos podrá separar del amor de Dios, que es en Cristo Jesús Señor nuestro (Romanos 8:35-39).*

Jesucristo nos restituyó lo que habíamos entregado

Jesucristo también nos dio autoridad para ejercerla. Lucas 10:19 dice: *"He aquí os doy potestad de hollar serpientes y escorpiones, y sobre* ***toda*** *fuerza del enemigo, y nada os dañará"* (énfasis del autor). Tenemos autoridad como individuos sobre toda la fuerza combinada del enemigo. Esta es una increíble y maravillosa verdad. Todo lo que está a disposición de Satanás, todo demonio, toda secta y religión, todo conventículo, toda obra y toda influencia está sujeta a la autoridad que Jesús nos dio.

Cuando Jesús se levantó de los muertos después de arrebatar de las manos de Satanás la autoridad usurpada, él no se fue inmediatamente al cielo. Se detuvo para ver a los once discípulos que quedaban. Estos muy humanos, muy débiles hombres habían huido asustados, fuera de sí. Pedro había negado hasta que lo conocía. Aunque parezca increíble, Cristo buscó a estos hombres. No los reprendió. No le dijo a Pedro: "Te lo advertí." Los afirmó e hizo algo muy sorprendente. Sopló en ellos diciendo: "Recibid el Espíritu Santo. A quienes remitiereis los pecados, les son remitidos; y a quienes se los retuviereis, les son retenidos" (Juan 20:22, 23). Jesús les entregó la autoridad que había quitado a Satanás. La autoridad cambió legalmente de manos una vez más y volvió a pertenecerle al hombre.

> *[Mi oración es que Dios alumbre] los ojos de vuestro entendimiento, para que sepáis cuál es la esperanza a que él os ha llamado, y cuáles las riquezas de la gloria de su herencia en los santos, y cuál la supereminente grandeza de su poder para con nosotros los que creemos, según la operación del poder de su fuerza, la cual operó en Cristo, resucitándole de los muertos y sentándole a su diestra en los lugares celestiales, sobre todo principado y autoridad y poder y señorío, y sobre todo nombre que se nombra, no sólo en este siglo, sino también en el venidero; y sometió todas las cosas bajo sus pies, y lo dio por cabeza sobre todas las cosas a la iglesia, la cual es su cuerpo, la plenitud de Aquel que todo lo llena en todo (Efesios 1:18-23).*

Ahora depende de nosotros

El hombre tiene autoridad otra vez, basado en lo que Cristo hizo en la cruz y mediante su resurrección. El hombre todavía puede darle lugar a Satanás mediante el egoísmo y el pecado, pero el equilibrio de poderes en la tierra descansa con el hombre en el nombre de Jesucristo. La autoridad es completa en el hombre mientras esté relacionado con Dios por medio de Jesucristo. Con la autoridad viene la responsabilidad de usarla para los propósitos de Dios. Si nosotros no reprendemos al diablo, él no será reprendido. Si no lo hacemos retroceder, él no se irá. Depende de nosotros. Satanás sabe de nuestra autoridad, pero espera que quedemos ignorantes. Debemos estar tan convencidos como el diablo de nuestra autoridad.

Necesitamos ir adelante y ejercerla en el nombre de Jesús. Por ejemplo, la policía en mi pueblo ha recibido una autoridad legal de la ciudad que los ciudadanos comunes y corrientes no tienen. Se visten con los símbolos de su autoridad: uniformes e insignias. Ellos tienen su autoridad siempre, aún cuando circulan tranquilamente por las calles o mientras están estacionados en cualquier lugar. En ocasiones, sin embargo, son llamados a la escena de un crimen donde ejercen su autoridad arrestando a un delincuente.

¿Qué pasaría si al llegar a casa encontrase que me están robando? Llamo a la policía y ellos vienen de prisa. Pero para mi sorpresa, se alinean en la acera y comienzan a cantar acerca de su autoridad, declarándola uno al otro. ¡Todo ese tiempo, los intrusos terminan de vaciar mi casa! Aunque parezca ridículo, sin embargo, a menudo es un cuadro exacto de lo que hacemos nosotros. Hablamos de autoridad. Cantamos de ella. Hasta la proclamamos a gran voz. Pero no la ejercemos. Tenemos que reconocer que hay una diferencia entre tener autoridad y ejercerla.

Cinco métodos para ejercer nuestra autoridad

1. El nombre de Jesús como arma

Necesitamos una revelación de lo que sucede entre las fuerzas demoníacas cuando pronunciamos el precioso y poderoso nombre de Jesús. No es una palabra mágica. Debemos estar completamente sometidos a Jesús para usar su nombre. Pero este nombre representa al mismo Jesús que hizo gemir a los demonios llenos de terror suplicándole que los dejara entrar en un hato de cerdos. El nombre de Jesús nos ha sido dado por el mismo Hijo resucitado: "En *mi nombre* echarán fuera demonios" (Marcos 16:17, énfasis del autor). El nombre de Jesús lleva consigo toda la victoria de la cruz y la resurrección.

2. La Palabra de Dios en la guerra

La segunda manera de ejercer autoridad es usando la Palabra de Dios. "Y tomad el yelmo de la salvación, y la espada del Espíritu, que es la Palabra de Dios" (Efesios 6:17). La Palabra de Dios no es sólo un libro. Es como una espada. Es filosa, es de dos filos, y tiene un efecto verdadero contra el enemigo. Jesús usó la Palabra de Dios en el desierto cuando se enfrentó a Satanás, y nosotros también necesitamos declararla, esgrimiéndola como arma poderosa.

Una de mis primeras experiencias de enfrentamiento con los demonios me impresionó profundamente con el poder de la Biblia. Estaba en Australia con Frank Houston orando por una muchacha adolescente. Las usuales voces y gruñidos extraños confirmaban que tenía por lo menos un demonio. Entonces, instintivamente, cité en voz alta al demonio en ella 1 Juan 3:8: "Para esto apareció el Hijo de Dios, para deshacer las obras del diablo."

Tan pronto cité ese versículo, ella gritó y escupió, y volvió a gritar. Me sorprendió la reacción volcánica del demonio sólo por citar un versículo de la Biblia.

3. El poder del Espíritu Santo

El poder del Espíritu Santo es un método esencial para ejercer nuestra autoridad. Cuando Jesús sopló en los discípulos en Juan 20:22, diciendo: "Recibid el Espíritu Santo", ésta era la autoridad legal del Espíritu. Entonces les dijo que esperasen en Jerusalén hasta que recibieran *dunamis* o "poder". "Pero recibiréis poder [dunamis], cuando haya venido sobre vosotros el Espíritu Santo, y me seréis testigos en Jerusalén, en toda Judea, en Samaria, y hasta lo último de la tierra" (Hechos 1:8). *Dunamis* es la capacitación para cumplir con la autoridad. Un policía puede tener la autoridad de la ciudad para hacer respetar la ley. No obstante, necesitará siempre de fuerza para cumplir esa autoridad.

Jesús dijo en Mateo 12:28: "Yo por el Espíritu de Dios echo fuera los demonios." Si él lo hizo por el poder del Espíritu Santo, entonces nosotros también necesitamos orar en todo tiempo en el Espíritu (Efesios 6:18) para hacer retroceder y romper los poderes del enemigo.

4. La sangre de Jesús

La cuarta manera de ejercer autoridad es recordarle a Satanás la sangre de Jesús. "Y ellos le han vencido por medio de la sangre del Cordero" (Apocalipsis 12:11). Recordamos a Satanás de su derrota en la cruz cuando la preciosa sangre de Jesús fue derramada como expiación por el pecado, revocando la maldición y la atadura del enemigo sobre la humanidad. La declaración de su sangre parece tener un efecto poderoso sobre el enemigo. Lleva esa derrota a cada una y todas las situaciones, aplicándola fresca para este tiempo y lugar. Verdaderamente hay poder en la sangre.

5. Proclamar la verdad

El último método por medio del que podemos ejercer nuestra autoridad es la palabra de nuestro testimonio. Apocalipsis 12:11 también dice que vencemos al enemigo por medio de nuestro testimonio. Esto significa un par de cosas. Primero, es una declaración de los grandes actos y del carácter de Dios. El propósito del diablo es desacreditar a Dios. El nos miente, diciéndonos que Dios no existe, o que no es digno de confiar. Nosotros derrotamos esa mentira testificando de lo que Dios ha dicho, cómo se ha manifestado, cómo es su verdadero carácter, y cuán grandes cosas ha hecho por nosotros. Proclamamos el corazón y los poderosos hechos de Dios.

Otro significado de la palabra de nuestro testimonio es proclamar la verdad acerca de nosotros mismos, la negativa y la positiva. Cuando somos sinceros y abiertos, comunicando lo que está realmente en nuestro corazón en vez de querer aparentar, atravesamos la oscuridad y entramos en la luz. Derrotamos las obras del enemigo que sólo puede funcionar en la oscuridad del fingimiento, el engaño y la hipocresía. Debemos ser siempre abiertos, proclamando la verdad, y compartiendo nuestro corazón y nuestras necesidades los unos con los otros. Tenemos que caminar en la luz.

Yo he visto a personas quedar libres y sanadas con sólo declarar lo que realmente estaba en su corazón. Para permanecer en equilibrio, sin embargo, lo positivo es de igual importancia. Tenemos que proclamar la verdad positiva acerca de nosotros mismos: quiénes somos en Cristo. Podemos declarar al enemigo toda la verdad de nuestra vida en él. Podemos proclamar: "Soy lavado por la sangre de Jesús. Soy una nueva criatura en Cristo. Soy aceptado por Dios como una novia. Soy más que vencedor." Este testimonio de la verdad es un arma poderosa. Anulará la intimidación y las acusaciones del enemigo, que constantemente debilitan nuestra confianza y nos impiden ejercer nuestra autoridad.

Debemos ocuparnos del enemigo. El es un adversario derrotado, pero defenderá airosamente su territorio hasta que ejerzamos sobre él la autoridad que Dios nos dio.

CAPITULO NUEVE

¿Por qué permite la maldad un Dios amoroso?

Si Dios es un Dios de amor, ¿por qué existe la maldad en la tierra? No importa quién sea usted, ésta es una de las preguntas más significativas que enfrentará jamás. Es una pregunta crucial para los creyentes. Cuando queda sin responder, puede dejar tremendas dudas, y hasta enojo y resentimiento contra Dios. Algunos creyentes se han confundido con la idea de un Dios bueno que permite que la maldad destruya a los hombres. Con creciente desconcierto y frustración, muchos ya no siguen al Señor.

La maldad en el mundo es también uno de los escollos para los inconversos cuando consideran a Dios. El filósofo francés Charles Baudelaire dijo: "Si hay un Dios, debe ser el diablo." Cuando la tragedia golpea, Dios se convierte en el villano. Las catástrofes inexplicables son catalogadas como actos de Dios. El carga con la culpa por las plagas y el hambre.

Aun como creyentes, formulamos preguntas levemente veladas. "¿Por qué tuvo que ser atropellado por un automóvil mi sobrino?" "¿Por qué tuvo ese ataque de apoplejía mi esposa?" "¿Por que di a luz a un niño deformado?" "¿Por qué tuvo que morir una persona tan buena?" La pregunta real es: "¿Por qué lo permitió Dios?" Para algunos pudiera ser más directa: "¿Por qué lo hizo Dios?"

Muchos creyentes ni siquiera plantean la pregunta, simplemente arden y bufan de cólera, procurando mantener constantemente una fachada de fe. Se nos ha dicho que hacer estas preguntas es dudar de Dios, de manera que pasamos por la vida con el corazón ardiendo porque secretamente culpamos a Dios por nuestros problemas y por toda calamidad.

Tenemos que responder a esa pregunta

No podemos ser buenos guerreros espirituales sin haber respondido a esa pregunta. No podemos resistir el mal y orar confiadamente que se vaya si no sabemos por qué está allí. No podemos tener confianza absoluta en Dios a menos que estemos seguros de su inocencia respecto a la maldad que hay hoy en la tierra.

Muchos creen que todo lo que sucede es la voluntad de Dios. "Lo qué será, será." Están diciendo que la maldad es inevitable. Lo que ha acontecido, lo que acontece y lo que acontecerá, tiene que ser la voluntad de Dios. Pero éste no es un concepto cristiano; es fatalismo. Otras religiones tienen esta perspectiva fatalista del mundo y de la voluntad de Dios. Dicen ellos: "Que se haga la voluntad de Dios." No importa lo que pase, es la voluntad de Dios.

Un amigo mío que trabajaba en el norte de Africa pasó dificultades para encontrar obreros que plantaran árboles en el desierto y construyeran depósitos de agua. Aunque el proyecto beneficiaría a muchos, la gente estaba indecisa, temerosa de que no fuera la voluntad de Dios tener árboles allí.

Esta no es una filosofía bíblica. El cristianismo comprende que Dios tiene una voluntad que él revela en su Palabra. La gente puede entonces obedecer o desobedecer (Josué 24:15; Juan 3:19-21; Apocalipsis 3:20). El cristianismo entiende que la oración establece una diferencia en el mundo. El cristianismo tiene una solución a la pregunta acerca de la maldad en la tierra sin acusar falsamente a Dios por todas las cosas.

Hemos encontrado al enemigo y somos nosotros

La primera razón por la que hay maldad en la tierra es por causa de la elección de la gente. La maldad, en el sentido moral, no es culpa de Dios. Si fuese culpa de Dios, el arrepentimiento sería ridículo y el castigo sería injusto.

Romanos 5:12 dice: "El pecado (la maldad) entró en el mundo por un hombre." Primero, Adán y Eva hicieron una elección equivocada en lo que llamamos "la caída del hombre" o "el pecado original". Desde entonces hemos endosado sus acciones, aumentando el mal en el mundo por causa de lo que elegimos hacer. Billones de gente, sobre miles de años haciendo billones de billones de elecciones, han hecho progresar la maldad en la tierra hasta su estado actual. Todos hemos sido contribuyentes gustosos de la maldad en el mundo y no debiéramos tener dificultad para entender por qué está aquí.

La condición actual de la humanidad es el producto de lo que la Biblia se refiere como "la maldición". La maldición son las consecuencias naturales y lógicas de los actos pecadores del hombre.

Todos somos afectados por los pecados de los demás y por la maldad que existe en el mundo. Todos morimos, a pesar de nuestra culpa o inocencia. Los niños nacen deformados, no debido al pecado de nadie, siño por causa de la corrupción del mundo en que vivimos. Parte de la maldición es mera inconveniencia. Muchos tenemos que usar lentes. Nuestros dientes se carian. Nuestros huesos se fracturan. Algunos pasan la vida en una silla de ruedas. A veces suceden cosas terribles. Un centenar muere porque un mecánico descuidado no repara bien el avión. Los ganaderos abusan del pasto en sus tierras y miles de niños mueren de hambre.

Toda cosa maligna tiene su causa. A veces la responsabilidad es individual. A veces es el resultado de la elección de mucha gente. A veces las elecciones son inmorales, otras simplemente mal aconsejadas.

Como creyentes luchamos con lo que parece ser la complicidad de Dios en todo esto. Sabemos que él es soberano. ¿No podría intervenir y hacer algo? ¿Por qué no se inmiscuye más a menudo? ¿Qué lo detiene para acabar las guerras, librar a la gente de tragedias, e instantáneamente hacer de la tierra un buen lugar para vivir? Nosotros la echamos a perder, pero, ¿por qué no la arregla él?

Estas preguntas no son pequeñas. Si se quedan sin responder afectarán gravemente nuestra fe. Hay una respuesta, sin embargo, y está ligada directamente con cuánto nos ama Dios.

Estas cosas son permitidas que queden en la tierra, porque el libre albedrío es de mayor valor que la ausencia de la maldad. Dios nos creó con libre albedrío. Sin él seríamos menos que humanos. Es absolutamente necesario para la calidad de relación que Dios quiere que tengamos con él y con otros seres humanos.

¿Puede un títere gozar del amor?

Dios desea mucho tener una relación con nosotros. En realidad, esa relación es la razón por la que Dios creó al hombre. No porque estuviese aburrido o se sintiese solitario. No había nada que faltara en el corazón de Dios. El hombre no completa a Dios. Dios completa al hombre. Dios deseaba una relación con nosotros, para que pudiéramos conocerlo a él. Sin embargo, él no podía tenerla con seres mecánicos. No habría significado si fuésemos muñecos mecánicos declamando "te amo" cuando nos dieran cuerda o recargaran nuestras baterías. Nunca podríamos conocer el gozo de una relación íntima con nuestro Padre celestial o con otros si, como títeres, respondiésemos al afecto sólo cuando se tirase de una cuerda. La libertad de elegir el corresponder al amor o no, es la base para la relación.

El libre albedrío es más valioso que la ausencia de la maldad. ¿Cuán valioso es? Trate de concebir esto: Imagine una pila de basura con todas las guerras, las hambres, las atrocidades, las calamidades, la violencia, la injusticia, el egoísmo, la perversión, el odio y la angustia que el mundo haya conocido y conocerá jamás. Intente ver su verdadero efecto en el mundo: un inmenso montón de maldad emponzoñada. Está muy, muy lejos de lo que cualquiera de nosotros podemos comprender. Pero trate de imaginárselo. Ahora, vaya un paso más allá. ¿Qué diría si Dios le diese le opción de terminarlo todo ahora mismo? Si usted pudiera librar al mundo de la maldad quitando al hombre su libre albedrío, ¿qué haría usted?

Dios ya hizo esa misma elección. El ha dicho que el libre albedrío vale soportar toda la maldad que hemos apilado. Dios sería mucho más cruel quitando nuestra "humanidad", nuestra libertad, nuestro libre albedrío. La ausencia de esa pila de maldad, tan sucia como es, no es tan valiosa como su libre albedrío y el mío.

Toda persona que se haya involucrado en la evangelización ha intentado responder a la pregunta con la que comenzamos este capítulo. Quizás usted haya estado en una esquina de una calle o en un aula de la universidad procurando responderla.

"Si Dios es un Dios de amor, y si es todopoderoso, ¿por qué permite la maldad en el mundo?" ¿Por qué permite que mueran bebés inocentes? ¿Por qué no puede impedirlo sencillamente o proteger a la gente de las cosas terribles que pasan en el mundo?"

Estas son buenas preguntas que merecen respuestas igualmente buenas. Son realmente un razonamiento filosófico. El razonamiento va de esta manera: O Dios es enteramente amoroso pero no todopoderoso, o es todopoderoso pero no enteramente amoroso. Dice que, dándose la maldad en el mundo, él no puede ser todopoderoso y enteramente amoroso.

¿Es culpable Dios?

Mientras nos esforzamos por una refutación apropiada, debiéramos considerar esto: El razonamiento es absolutamente correcto.

Por ejemplo: Si yo estuviera en una esquina de la calle y viese a una niña que está por salir enfrente de un autobús y no hiciera nada para detenerla, yo sería culpable de homicidio por negligencia. Si tuviera el poder y el conocimiento de impedir su muerte y no hiciera nada, yo sería culpable. Ahora, multiplique el caso de esa esquina millones de veces. Dios ve y conoce toda cosa horrible que está por suceder.

Hay mucho que no comprendemos acerca del sufrimiento humano, y ciertamente hay mucho que no sabemos acerca de Dios y su infinita sabiduría, puesto que Dios sabe todas las cosas y nosotros tenemos mentes finitas solamente. Yo no afirmo tener todas las soluciones concernientes a lo que C.S. Lewis llama "el problema del dolor". Yo creo que hay veces cuando no podemos hacer nada excepto confiar en el carácter de Dios. No obstante, aun entender el carácter de Dios proporciona algunas respuestas. Aunque él tiene todo poder, él elige no usar su omnipotencia *debido a otros factores de igual importancia.* Hemos visto uno de ellos: el libre albedrío que él concedió al hombre. Y hay otros, tales como su compromiso con la justicia.

Dios es justo. Su justicia es sin acomodo. El es absolutamente imparcial y equitativo. No es arbitrario. Por lo tanto, Dios no puede impedir una guerra sin impedirlas todas. Y no puede frenar un mal sin frenar toda maldad. Si Dios frenase toda maldad, tendría que congelar la voluntad de todo ser humano, eliminando con eso el libre albedrío y cualquier oportunidad de tener una verdadera relación con él.

Algunos dirían: "¿Por qué Dios no frena todo el asunto? Valdría la pena librar al mundo de la maldad." Dios lo hizo una vez. Destruyó toda la tierra y eliminó todo ser que no estaba comprometido con la justicia; envió el diluvio. Sólo ocho personas quedaron. Pero no es la solución final.

Dios es un Dios de amor que se interesa por la condición del mundo y los asuntos del hombre. En realidad, se entristece grandemente. Toda maldad, toda injusticia, todo dolor, y toda lágrima entristece su corazón (Isaías 63:10; Salmo 78:40). Dios no puede, y nunca lo ha hecho, recostarse meramente y permitir que la maldad prospere. El amor de Dios lo compele a involucrarse. El nunca se ha abstenido de contrarrestar el mal. El poder de Dios lo capacita para hacer lo que sea necesario. Pero su sentido de justicia lo obliga a limitar su poder, a no sobrepasar la libertad que él concedió al hombre (Mateo 23:37; Proverbios 1:24; Isaías 65:1-3).

Dios no sólo es amoroso, todopoderoso y justo; él también es sabio. La sabiduría de Dios ha abierto camino para que el hombre, en su libre albedrío, elija una salida de la esclavitud y el sufrimiento del mundo y entre en una relación con él. La solución poderosa, amorosa, justa y sabia fue Jesucristo y la cruz (Juan 3:16).

No durará para siempre

Dios, en su sabiduría, puede ver la naturaleza temporal de nuestro sufrimiento. Ningún hombre tiene que soportar la maldad o el sufrimiento por mucho tiempo. La duración en el planeta Tierra es insignificante a la luz de la eternidad. El sufrimiento del hombre es igualmente insignificante a la luz de una relación eterna con Dios. Dios ha abierto un camino para que el hombre conozca la libertad, la paz y la vida en su corazón y espíritu. Eso es mayor que cualquier sufrimiento que sobrelleve en su cuerpo en un mundo de agitación o aflicción. Dios ha provisto un camino para que el hombre escape de las consecuencias de su propio egoísmo, para que escape de la maldad que él se ha acarreado sobre sí mismo. Depende del hombre escoger la vida en vez de la muerte. El hombre puede vivir en sufrimiento temporal y vida eterna, o en eterno sufrimiento y muerte eterna. Nadie tiene que sufrir para siempre a menos que él o ella lo escoja.

Hemos visto que la maldad permanece en la tierra porque el libre albedrío es más valioso que la ausencia del mal. Dios ha escogido tratar con la maldad a través del libre albedrío del hombre, no a pesar de él. El continúa obrando hacia la restauración de la relación con él, y la final y completa remoción de la maldad en el mundo.

Sea un vencedor, no una baja

Hay otra razón por la que la maldad está en la tierra. Es también para el desarrollo del hombre. El hecho de que el hombre haya traído la maldad al mundo no se le ha escapado a Dios: El mal está aquí por elección del hombre. Pero Dios está dispuesto a usar la presencia del mal y el estado caído del mundo para desarrollar un pueblo que se levante sobre el mal y lo combata. Por eso la Biblia usa a menudo la palabra "vencer". Estamos aquí para ser vencedores.

Si hemos de vencer, tenemos que primero darnos cuenta de cuán malo y egoísta es el mundo en que vivimos. No estamos eximidos de la vida cotidiana en un mundo caído. La maldad y el egoísmo están en operación en todas partes y en todo momento. Estamos expuestos continuamente y sufrimos las consecuencias de la vida en un mundo caído. No debiéramos ser agobiados por el egoísmo de la gente. La maldad no debiera de venir como sorpresa. No debiéramos ser sacudidos. Debiéramos aprender a esperarlo y negarnos a ser perturbados por ello (Hebreos 11:24-26).

Dios usa la maldad en el mundo para desarrollarnos de dos maneras: primero, como un campo de batalla en nuestra vida. La intención de Dios no es que seamos bajas porque nos hallemos confundidos, enojados o resentidos. Ni tampoco quiere que escondamos la cabeza en la arena pretendiendo que no hay maldad. El quiere que permitamos que lo que suceda en este planeta desarrolle nuestra vida, sin que nos abata. El mundo es como es, y tenemos el derecho de elegir. Podemos dejar que nos fortalezca y aumente nuestra resolución de establecer una diferencia en el mundo, o podemos dejar que nos debilite y nos convierta en una baja de guerra.

Dios usa al mundo caído para desarrollarnos a través de las pruebas y las tribulaciones. Necesitamos entender que hay tales cosas como pruebas y tribulaciones. Podríamos pretender que no existen. Algunas religiones enseñan que debemos ver el mal como una "ilusión". Hasta ciertos creyentes han dicho que no debemos hacer una "confesión negativa", no sea que nos pasen cosas malas. Pero las cosas malas son reales, y algunas no se van. Si oramos y las cosas siguen mal, podemos optar por dejar que esas circunstancias nos desarrollen. No tienen que gustarnos. Pero tampoco tenemos que dejarlas que nos roben la victoria. No siempre alcanzamos victoria sobre las cosas, pero siempre podemos tener victoria en las cosas. La victoria está en el corazón. Es ser un vencedor en toda situación.

Si nos armamos de una expectativa realista sobre las pruebas y las tentaciones, no seremos sorprendidos y avasallados por ellas. No sacuda su cabeza y diga: "¿Por qué me está pasando esto a mí?" En vez, determine crecer y desarrollarse como resultado directo de situaciones difíciles. Esa es la victoria.

Yo oigo historias sobre historias de bajas innecesarias. Las iglesias se dividen. Crisis financieras destruyen ministerios. Pastores se fugan con mujeres jóvenes. La gente está escandalizada y desilusionada. Comienza a dudar y hasta culpar a Dios. Algunos se apartan y dejan de servirlo. Esto les sucede no sólo a los débiles, sino a los que han visto milagros, han estado involucrados en ministerios de poder, y han visto tremendas evidencias de la fidelidad de Dios.

Vivir en victoria no quiere decir vivir tras cristales a prueba de balas

El problema es que hay personas que nunca han encarado la verdad innegable de que vivimos en un mundo caído. Piensan que la victoria es la exclusión de las pruebas y las tentaciones. Han confeccionado un mundo de fantasía donde la salvación significa exención de las cosas terribles. Cuando la realidad invade sus vidas, se encuentran totalmente desprevenidos.

Hasta el grado en que hayamos aceptado la realidad del mundo caído en que vivimos, y hasta el grado en que determinemos usarlo para que nos desarrolle, podemos tener victoria en nuestra vida.

> *Amados, no os sorprendáis del fuego de prueba que os ha sobrevenido, como si alguna cosa extraña os aconteciese, sino gozaos por cuanto sois participantes de los padecimientos de Cristo, para que también en la revelación de su gloria os gocéis con gran alegría (1 Pedro 4:12, 13).*

Pedro escribió sus cartas a creyentes que eran perseguidos y entregados diariamente a la muerte. Leyeron sus cartas mientras esperaban ser despedazados por los leones en el Coliseo. Algunos leyeron estas palabras antes de ser sumergidos en aceite e inflamados como antorchas en las fiestas del emperador. Pedro les dijo que nada de lo que tenemos que pasar como creyentes tiene que ver con nuestra relación con Dios. Y les dijo que se gozaran en medio de circunstancias terribles.

O estamos locos o sabemos algo

Vivimos en un mundo caído. Dios deja que pasen las cosas. No debemos sorprendernos cuando sucedan. La única manera que podemos gozarnos en medio de la tribulación es si estamos locos, o si sabemos lo suficiente acerca de Dios, acerca de la Palabra de Dios, y acerca de la condición del hombre en nuestro planeta.

En un versículo anterior, Pedro dijo que debíamos glorificar a Dios mediante todo lo que hacemos o decimos. Mediante nuestras acciones y reacciones, a toda hora y en toda situación, estamos revelando la gloria de Dios y su carácter, a los que nos rodean. Si conocemos su carácter, podemos llegar al final de cada experiencia gozándonos, sabiendo que lo que enfrentemos jamás podrá desviarnos del curso. Si conocemos a Dios, sabemos que su amor por nosotros nunca cambia. Sus intenciones bondadosas y sus propósitos para nosotros no han cambiado. En medio de toda decepción, podemos gozarnos, porque Dios en nosotros es victorioso. Y el carácter de Dios será mostrado a otros en nuestro enfrentamiento con las pruebas.

> *Hermanos míos, tened por sumo gozo cuando os halléis en diversas pruebas, sabiendo que la prueba de vuestra fe produce paciencia. Mas tenga la paciencia su obra completa, para que seáis perfectos y cabales, sin que os falte cosa alguna (Santiago 1:2-4).*

"Diversas pruebas" y "la prueba de vuestra fe" no son gozo. Tenemos que tenerlas por gozo. Es posible pasar por momentos tumultuosos, cuando apenas podemos soportar el dolor físico, mental y emocional, y ser capaces de decir: "Esto es un gozo." ¿Por qué? Porque el fuego terrible de la prueba está produciendo algo de valor sin paralelo en nuestra vida: la paciencia.

Sabemos muy poco de la paciencia en el mundo occidental. Nuestra sociedad exige conveniencia y comodidad. Si no nos gusta algo, lo cambiamos. Sin embargo, la mayoría de la gente no tiene oportunidad de cambiar su situación en la vida. Simplemente debe aprender a soportarla.

Todos, sin excepción, tendremos pruebas. Los que aprenden a soportarlas son vencedores. No podemos poner un precio a la paciencia. Es una de las cosas más valiosas que podamos tener.

La paciencia es la virtud que hace soportar los males de la vida con gozo en el corazón. Si pudiésemos ver lo que Dios ve, nos daríamos cuenta de la riqueza que viene con la paciencia. Estaríamos realmente gozosos en medio de toda situación.

Jesús no murió en la cruz para que pudiéramos eludir la vida, sino para que fuésemos vencedores. El nos da gracia para cada situación. Jesús tuvo una vida sin pecado, fue a la cruz, padeció una muerte dolorosa, fue al Hades, despojó a Satanás de la autoridad y el poder del pecado, la muerte y el Hades, se levantó de los muertos, ascendió a la diestra del Padre, y hace intercesión por nosotros cada minuto de cada día. Esto debería ser prueba suficiente del amor de Dios por nosotros y ayudarnos a soportar cualquier situación.

¿Cómo podemos ser perfectos y cabales, sin que nos falte cosa alguna? Con paciencia, y mientras soportamos decir: "Este es un gozo para mí." Esto no es autoconvencerse psicológicamente o engañar la mente. Es sencillamente reconocer que cada situación nos está desarrollando, que realmente estamos llegando a ser como Cristo, quien con gozo soportó mucho más de lo que cualquiera de nosotros jamás padecerá.

Dios siempre está por nosotros. Siempre está dando vuelta las cosas para que sean de bendición y beneficio para nosotros. Esto es lo que quiere decir Romanos 8:28. El está siempre en las circunstancias que nos acontecen para hacernos bien. Sólo que necesitamos tener paciencia y dejar que la paciencia tenga su obra completa.

Reflexionemos con cuidado en Romanos 5 para ver cómo funciona:

> *Justificados, pues, por la fe, tenemos paz para con Dios por medio de nuestro Señor Jesucristo; por quien también tenemos entrada por la fe a esta gracia en la cual estamos firmes, y nos gloriamos en la esperanza de la gloria de Dios. Y no sólo esto, sino que también nos gloriamos en las tribulaciones, sabiendo que la tribulación produce paciencia; y la paciencia, prueba; y la prueba, esperanza; y la esperanza no avergüenza; porque el amor de Dios ha sido derramado en nuestros corazones por el Espíritu Santo que nos fue dado (Romanos 5:1-5).*

Abrazando de todo corazón las decepciones

¿Qué significa "gloriarse en las tribulaciones"? No es eludirlas o pretender que no existen. No es resistir toda cosa negativa que venga a nuestra vida. Ni siquiera es rechinar los dientes en sometimiento silencioso a nuestras circunstancias. Gloriarnos en las tribulaciones es abrazar de todo corazón toda situación no deseada, todo disturbio insoportable y toda decepción. Gloriarse es gozarse completamente en medio de la tribulación; no a pesar de ella, sino debido a ella. Esto le parecerá insensato al mundo. Pero es la cosa más razonable que podemos hacer si entendemos el inmensurable beneficio que aporta la tribulación.

No hay testimonio mayor en el mundo que el de un creyente que sufre sin rendirse, que realmente se gloría y vence todo lo que el mundo y el diablo le arrojan a su vida. Hacer que estas cosas nos ayuden a bien y no a mal es la verdadera lucha espiritual.

Note también en Romanos 5:4, 5 que la paciencia produce "prueba" o carácter probado. Esta es la meta de Dios para cada uno de nosotros. Dios permite que pasemos por la tribulación para que todos tengamos un carácter probado. El carácter probado produce esperanza y "la esperanza no avergüenza" porque sabemos que podemos pasar por cualquier cosa. Hemos pasado por esa prueba y tenemos confianza.

Dios no está despreocupado de nosotros. El nos está edificando, haciéndonos fuertes, maduros y más como Cristo. Nunca hay un momento cuando Dios no nos esté ayudando. Esta es la razón por la que podemos gloriarnos en nuestras tribulaciones.

> *Y te acordarás de todo el camino por donde te ha traído Jehová tu Dios estos cuarenta años en el desierto, para afligirte, para probarte, para saber lo que había en tu corazón, si habías de guardar o no sus mandamientos (Deuteronomio 8:2).*

Cuando Dios condujo a Israel en el desierto fue más que un hecho histórico. También hay muchas lecciones en esos acontecimientos que nos enseñan la manera que él trata con nosotros.

El desierto para Israel fue un lugar muy real. Les presentaba peligros diarios y les impedía las comodidades sencillas que una vez gozaron cuando eran esclavos. El desierto no era un lugar agradable. No era para descansar y refrescarse. Era un lugar donde el sol candente y el rigor de los vientos desérticos agotaban las energías. Era un lugar donde el agua y los alimentos escaseaban.

Nacidos y criados en el desierto

El desierto fue un lugar mortal para toda una generación que se debilitó y pereció allí. Junto con ellos acabó la murmuración, la amargura, el miedo y la flaqueza. El desierto fue también un lugar de vida donde toda una generación nació y creció. Esta generación se convirtió en los guerreros conquistadores de Israel. Fueron fuertes y valientes, con caracteres templados por el desierto. No conociendo otra cosa que la pobreza del desierto y su completa falta de comodidad, ellos buscaron las promesas de Dios.

Dios sabía exactamente lo que hacía cuando los mandó allí. Y hoy todavía sigue haciendo lo mismo con su pueblo. Nuestro desierto no es de dunas y pozos de agua, pero es igual de real. Nuestras experiencias en el desierto son una parte de vivir en un mundo caído. Sin excepción, todos pasamos por él.

Hay muchos desiertos en la vida. Si no comprendemos por qué Dios nos permite pasarlos, nos frustraremos y nos amargaremos contra Dios. Esto es particularmente cierto si hemos sido enseñados que con suficiente fe no pasaremos por ellos. Si creemos esto, no sólo pasaremos por los desiertos, sino que nos condenaremos a nosotros mismos por carecer de fe. O pudiéramos culpar a Dios por faltar a sus promesas. Jesús venció al enemigo en las circunstancias inconvenientes del desierto. Nosotros también tenemos que enfrentar los enemigos nuestros, vencerlos y revelar la victoria de Cristo en la vida práctica.

¿Por qué nos lleva Dios por el desierto? Primero para humillarnos. Durante estos tiempos recordamos quiénes somos y quién es Dios. Siempre nos humilla pasar por el desierto. Nos hace más dependientes. Estar en el desierto pone en relieve nuestra vida. Otros notan nuestra situación y es humillante admitir que pasamos tiempos de aflicción.

Quizás usted encuentre esto incómodo; nuestro mundo nos ha enseñado a evitar toda humillación. Pero Dios sabe que lo más grande que podemos tener es humildad constante. Nunca debiéramos procurar escapar o evitar la humillación. La humildad es buena; es el orgullo lo que debemos temer. Debiéramos permanecer fieles, confiar en Dios, perseverar y estar agradecidos por las experiencias que nos humillan.

Medio de prueba

La segunda razón por la que Dios nos lleva al desierto es para ponernos a prueba. Cuando compramos un automóvil, podemos estar relativamente confiados que durará porque ha sido probado para que sea seguro y tenga buen funcionamiento en la carretera.

En realidad, las pruebas fueron mucho más rigurosas de las que cualquier vehículo encontraría en su uso regular.

Dios nos prueba de una manera semejante. El nos permite estar en situaciones que revelen cómo es nuestro carácter. Bajo presión sale lo que está en nosotros. La prueba le revela a Dios y a nosotros nuestras debilidades y fortalezas. Dios quiere arreglar nuestras fallas en el taller. Es mejor arreglarlas allí que en el camino del ministerio.

Sólo en el desierto conoceremos qué hay dentro de nuestro corazón. Nos podemos sentar en los cultos de los domingos por la mañana, cantar y orar por cuarenta años. Pero si eludimos el desierto, quizás nunca sabremos lo que hay dentro de nosotros.

Al enfrentar las situaciones que nos disgustan, cuando somos privados de algo, o cuando las cosas están fuera de control, nos sorprenderá lo que se manifiesta. Podemos responder de varias maneras: Podemos sentirnos incómodos, enojarnos y quejarnos. Podemos culpar a otros. Cuanto más orgullo tengamos, más difícil será ver lo que sale de nuestro corazón. Con orgullo podemos negar las actitudes, las emociones y las reacciones que emergen; o en humildad, podemos aceptar lo que vemos y tratar con ello responsablemente.

Qué hacer en el desierto

- Agradezca verdaderamente al Señor por mostrarle lo que está en su corazón.

- Arrepiéntase, pidiendo a Dios que le perdone cualquier pecado o motivo malo. Quizás también necesite pedir a otros que lo perdonen.

- Busque la ayuda de Dios para vencer y crear hábitos nuevos, y actitudes nuevas.

- Resista al enemigo en sus atentados contra su vida.

- Nunca niegue que está pasando por un desierto.

- Nunca se sienta condenado por lo que afloró durante su experiencia en el desierto.

- Con sencillez diga: "Gracias, Dios, por mostrarme lo que estaba en mi corazón. Ahora haré algo al respecto."

La condenación de Satanás paraliza porque es general y vaga. Pero la convicción del Espíritu Santo es específica y se puede hacer algo al respecto inmediatamente. La convicción del Espíritu nos lleva a la libertad si nos arrepentimos y pedimos perdón.

¿Por qué caen tantos líderes?

Dios busca líderes. Si hay algo de lo que carece el cuerpo de Cristo es de líderes seguros, maduros y constantes. No necesitamos llenar más cargos. Necesitamos a líderes que guíen en humildad y fuerza. Satanás ha lanzado un pavoroso ataque contra los líderes en todos los niveles de la sociedad. Pastores, políticos y padres caen todos los días. Cuando los líderes caen, las consecuencias son horrendas. Pero eso no quiere decir que no debieron haber sido líderes. Quizás nunca fueron probados debidamente en el desierto. Quizás la fama y la fortuna o su propia teología los mantuvo lejos de las pruebas que los hubieran fortalecido y establecido, o reveló que no estaban preparados para el liderazgo.

Miles de individuos no sobreviven porque creen tener un derecho de Dios de escapar el desierto. Despiertan una mañana y se encuentran inesperadamente en medio de uno, y acaban hechos pedazos. Dios quiere líderes que estén dispuestos a someterse voluntariamente a la prueba en el desierto. Cuanto más grande sea el potencial para el liderazgo, más grandes serán las pruebas que enfrentará.

Mientras usted lee esto, sin reservas le prometo el liderazgo. No puedo prometerle un título, pero le puedo prometer el liderazgo. Si usted se entrega a desarrollar el carácter cristiano, si pasa por las pruebas y da constancia de sus aptitudes, el mundo se abrirá paso hasta su puerta, sin tomar en cuenta sus dones, trasfondo o personalidad. Querrán tener lo que usted tiene. Los llevará a Cristo por su ejemplo. La iglesia necesita a los que permiten a Dios que los desarrolle para que puedan permanecer firmes en el fragor de la batalla y no traicionar o decepcionar a los que los respetan por su fuerza y estabilidad.

Todos pasamos por desiertos para ver si guardamos o no los mandamientos de Dios. Es casi siempre allí que perdemos la oportunidad; allí es donde caemos. Si tenemos una tendencia a ciertos pecados, en el desierto es fácil irse en la dirección equivocada. Si nos sentimos inclinados a la lujuria, eso haremos en el desierto. Es un tiempo cuando seremos tentados a abdicar, a fracasar, a pecar y a apartarnos de la voluntad de Dios.

Dios nos hace pasar por esos tiempos no para fracasar, sino para que prevalezcamos. Si podemos permanecer fieles y obedientes, guardando sus mandamientos en las pruebas, superaremos cada situación. Este es el deseo de Dios para cada uno de nosotros. Si continuamos obedeciéndole en tiempos difíciles, estamos realmente consagrados. Sin embargo, si no podemos guardar sus mandamientos en el desierto, no estamos verdaderamente consagrados.

El desierto es uno de los mejores lugares para crecer. Cuando pasamos por él, resistiendo el pecado, obedeciendo a Dios y rechazando firmes toda tentación, entonces verdaderamente desarrollamos nuestro carácter y estamos creciendo espiritualmente. Pero aun si no reaccionamos como corresponde, no debemos darnos por vencidos. Debemos arrepentirnos, humillarnos y determinar nuevamente vencer por la gracia de Dios. No debiéramos nunca permitir que el enemigo nos obligue a salir de la escuela del desierto.

CAPITULO DIEZ

Líbranos del mal

Yo era un misionero joven, pero estaba perturbado por lo que un pastor mayor que yo me estaba diciendo. Lo conocí en una aldea ubicada en la cima de una montaña.

"Me mudé de la ciudad, Dean", explicaba él. Siguió diciendo que una vez había estado a cargo de un próspero ministerio en una ciudad principal. "Pero la ciudad era demasiado maligna . . . no era un lugar muy bueno para vivir para el Señor", continuó él. "Sencillamente había demasiada presión para pecar."

Yo estaba pasmado. Este pastor había sacado a muchos de su iglesia y se había retirado a las montañas para escapar de la tentación. Ahora esa ciudad tenía un poco menos de sal y luz. No obstante, estoy seguro de que esos creyentes no pudieron dejar atrás al pecado. Simplemente encontraron tentaciones nuevas. La tentación es una parte de la vida, no importa dónde se viva.

No podemos culpar al vecino o a las circunstancias por la tentación. Tampoco podemos incriminar a Dios. De acuerdo con Santiago 1:13-15:

> *Cuando alguno es tentado, no diga que es tentado de parte de Dios; porque Dios no puede ser tentado por el mal, ni él tienta a nadie; sino que cada uno es tentado, cuando de su propia*

concupiscencia es atraído y seducido. Entonces la concupiscencia, después que ha concebido, da a luz el pecado; y el pecado, siendo consumado, da a luz la muerte.

Sin embargo, hay esperanzas.

No os ha sobrevenido ninguna tentación que no sea humana; pero fiel es Dios, que no os dejará ser tentados más de lo que podéis resistir, sino que dará también juntamente con la tentación la salida, para que podáis soportar (1 Corintios 10:13).

Estos versículos nos enseñan varias cosas importantes acerca de la tentación. La Biblia muestra que la tentación no es pecado. Mucha gente se siente sucia y sufre tremenda culpa porque ha sido tentada, pero la tentación no es un pecado. Hebreos 4:15 dice que Jesús "fue tentado en todo según nuestra semejanza, pero sin pecado". Si la tentación conlleva culpa, entonces Jesús fue culpable. La diferencia entre el pecado y la tentación es ésta: La tentación es considerar el pecado; se vuelve pecado cuando nos comprometemos a hacerlo. El pecado pudiera no ser un acto; puede ser también un pensamiento que se anide en la mente. Necesitamos una revelación de Dios para que nos muestre que podemos ser grandemente tentados sin pecar.

De acuerdo con 1 Corintios, la tentación nos puede "sobrevenir". Esto significa que son externas a nosotros. Están fuera de la "nueva criatura" que somos en Cristo.

Segunda Corintios 5:17 dice: "De modo que si alguno está en Cristo, nueva criatura es; las cosas viejas pasaron; he aquí todas son hechas nuevas." ¿Qué significa ser una nueva criatura? Significa que el pecado ya no es una parte de lo que somos. Si decimos, "soy un ladrón", o "soy un mentiroso", nunca conquistaremos esos pecados. El diablo nos provoca a pecar porque nosotros creemos que es una parte de lo que somos. Satanás dirá: "Tú eres exactamente así. Has tenido ese problema por treinta años. Esa es tu debilidad." En vez de creer sus mentiras, debemos creer la Biblia que dice que hemos sido hechos nuevos.

Usted no es el único

Otra verdad es que la tentación también es humana, de acuerdo con el versículo de 1 Corintios. Todo el mundo es tentado. No debemos sentirnos solos en nuestras luchas con la tentación. Muchos creen que sólo ellos tienen malos pensamientos. He aconsejado a personas que dicen: "Yo sé que soy el único que tiene este problema. Comienzo a tener mi tiempo devocional y de repente, ¡me asaltan todos esos pensamientos terribles!" Sienten gran alivio cuando les digo: "No; usted no es el único. En realidad he aconsejado a varios esta semana que han dicho lo mismo."

Por eso es que la correspondiente confesión y humillación públicas son tan beneficiosas para el cuerpo de Cristo. Cuando alguien confiesa un pecado, hay muchos que se alientan, sabiendo que no están solos. Necesitamos ser más sinceros unos con otros y compartir nuestras cargas, nuestras dificultades y nuestras tentaciones.

Yo estoy agradecido por los amigos íntimos y leales con los que trabajo en Juventud Con Una Misión. Hemos sido animados a lo largo de los años para rendir cuentas uno al otro y compartir nuestras luchas. Esto nos ayuda a salvarnos de muchas trampas.

Algunos creen que una persona espiritual no es tentada. No es verdad. El hombre o la mujer de Dios verdaderamente maduros confiesan sus luchas con la tentación. Por otro lado, el diablo se goza en decirnos lo pervertidos y diferentes que somos. El nos dice que somos la única persona que hace lo que hacemos. Otros han encontrado en Cristo libertad del pecado, pero somos los únicos esclavizados y no tenemos remedio. Nunca quedaremos libres. Estas también son mentiras del enemigo. Las tentaciones que tenemos son comunes a los creyentes en todo el mundo, y su poder sobre nosotros puede ser disminuido.

No es sólo el pecado mismo, sino el poder detrás que nos incita y anima a pecar. Aunque digamos "no", no hemos tratado con el poder. Nos ocupamos del poder provocador detrás de las tentaciones humillándonos y abriéndonos ante Dios y ante el hombre. Entonces nuestras oraciones pueden bloquear estos poderes impulsores.

Un amigo mío, dedicado plenamente al ministerio, era fuertemente tentado hacia el homosexualismo. La mayoría de las veces vencía, pero el vivo deseo estaba siempre presente. No obtuvo la victoria hasta que confesó sus luchas a un selecto grupo de amigos de confianza. Ellos oraron por él y lo aceptaron con amor. Desde el momento en que se humilló, ha caminado libre del fuerte impulso detrás de ese pecado.

Quizás tengamos la esperanza secreta de un tiempo que vendrá cuando habremos alcanzado el éxito, y cuando viviremos en victoria, sin tentaciones. Pensamos que la tentación nos está impidiendo ser lo que Dios quiere para nosotros. Pero la ausencia de la tentación nunca nos hará mejores cristianos. A menos que podamos encontrar la victoria en medio de la tentación, no tenemos victoria del todo.

El pecado no es algo inevitable

Si creemos las mentiras de Satanás cuando nos dice que vamos a pecar inevitablemente y que la tentación es demasiado fuerte para nosotros, entonces pecaremos. Si creemos que no tenemos oportunidad contra la tentación, estamos perdidos. Pero 1 Corintios 10:13 nos muestra que la tentación nunca será mayor de lo que podemos resistir. Debemos saber sin ninguna duda que la Palabra de Dios es verdadera cuando dice que Dios no permitirá que seamos tentados más allá de nuestra capacidad de resistir.

Con la gracia de Dios, somos capaces de resistir la tentación hasta alcanzar la victoria. Miles de creyentes caen continuamente porque no tienen una revelación de la nueva criatura que son en Cristo. Necesitamos declarar al diablo que "el pecado no se enseñoreará de mí" (Romanos 6:14).

La Biblia dice claramente que podemos tener una vida victoriosa (Apocalipsis 12:11). Si no fuese cierto, ¿dónde está el poder de la cruz y la resurrección para guardarnos sin pecado? Si el pecado fuese inevitable, el término "nueva criatura" sería sólo palabras, porque en realidad no habría nada nuevo.

> *Consideraos muertos al pecado, pero vivos para Dios en Cristo Jesús, Señor nuestro. No reine, pues, el pecado en vuestro cuerpo mortal, de modo que lo obedezcáis en sus concupiscencias; ni tampoco presentéis vuestros miembros al pecado como instrumentos de iniquidad, sino presentaos vosotros mismos a Dios como*

vivos de entre los muertos, y vuestros miembros a Dios como instrumentos de justicia. Porque el pecado no se enseñoreará de vosotros; pues no estáis bajo la ley, sino bajo la gracia (Romanos 6:11-14).

Concentrémonos más en la justicia de Dios dentro de nosotros que en la posibilidad de pecar. No se trata de la llamada doctrina de la perfección sin pecado. Nadie, sino Jesús, fue sin pecado en la tierra. Hasta que lleguemos al cielo, siempre estaremos rectificando y cambiando nuestras actitudes, motivos y acciones. Pero con la ayuda del Espíritu Santo, debiéramos ser cada día más semejantes a Cristo. El pecado debiera ser cada día más raro a medida que crecemos en el Señor. El es poderoso para guardarnos sin caída, y presentarnos sin mancha delante de su gloria con gran alegría (Judas 24).

Siempre hay una salida

Primera Corintios 10:13 promete que Dios siempre dará una salida de la tentación. ¿Qué es esta "salida"? Una pregunta mejor sería: ¿Quién es esta salida? La vida de José es un estudio maravilloso de cómo escapar de la tentación. Fue tentado a lo largo de su vida, pero venció. Le sobrevino la tentación más vívida mientras trabajaba para Potifar. Después de un tiempo, la señora de Potifar se sintió atraída por José, y un día le sugirió: "Duerme conmigo." La invitación no era sólo una tentación sexual, era lo más lógico también. Responder "no" sería el fin de su carrera. Si sólo la hubiera hecho feliz, él habría logrado su fortuna. Si José hubiera considerado solamente su posición en la vida, quizás se hubiera rendido. Ciertamente, tuvo que haber sabido las consecuencias de rechazarla. Aun así, no cayó.

José dijo: "¿Cómo, pues, haría yo este grande mal, y pecaría contra Dios?" José vivía en el temor del Señor. Escapó de la tentación porque consideró la reacción de Dios en la situación.

Si nuestro interés es sólo no ser descubiertos o lo que otros piensan, y si sólo consideramos nuestras necesidades, nuestros derechos, nuestros deseos, nuestro sufrimiento o cualquier otra cosa que el corazón de Dios, no escaparemos de la tentación. Tenemos que vivir en el temor de Dios, y considerar el corazón de

Dios. Pida el temor de Dios que, según Proverbios, es "aborrecer el mal" (Proverbios 8:13).

Jesús nos enseñó a orar regularmente: "No nos metas en tentación, mas líbranos del mal." Cuando Dios dirige nuestra vida, nos puede ayudar a escapar de la tentación más grande que nos pueda sobrevenir.

Ataque directo

Dios a veces permite que seamos atacados por el enemigo. Esto no significa que el diablo pueda robar nuestra salvación, hacernos pecar o poseernos contra nuestra voluntad.

Considere lo que dijo Pablo: "Para que la grandeza de las revelaciones no me exaltase desmedidamente, me fue dado un aguijón en mi carne, un mensajero de Satanás que me abofetee, para que no me enaltezca sobremanera" (2 Corintios 12:7). He aquí Pablo, un creyente lleno del Espíritu, abofeteado por un mensajero de Satanás. Todo creyente ha padecido y padecerá el ataque del enemigo. La mayoría de las veces Dios lo permite porque quiere que aprendamos a resistir.

Necesitamos aprender a levantarnos y resistir los asaltos de Satanás. La mayoría de las veces, estos ataques son sólo por un tiempo, como en el caso de Job. En casos raros, como el de Pablo, Dios permitió que el ataque continuara, sabiendo que su gracia es suficiente para cualquiera. No obstante, nunca debemos aceptar pasivamente lo que sea que el diablo arroje en nuestra dirección. Si no aprendemos a resistirlo, él caminará sobre nosotros, a veces durante años, hasta que lo resistamos.

Cinco maneras en que Satanás nos ataca

"Por lo cual, por amor a Cristo me gozo en las debilidades [enfermedades], en afrentas [agravios], en necesidades, en persecuciones, en angustias; porque cuando soy débil, entonces soy fuerte" (2 Corintios 12:10). Hay muchas maneras en que el diablo nos ataca. El versículo citado menciona cinco de las más comunes: debilidades, afrentas, necesidades, persecuciones y angustias.

1. Debilidades

Esto significa sencillamente que el diablo nos puede atacar físicamente. Si no consideramos esto, él podría afligirnos constantemente en el cuerpo.

No estoy diciendo que toda enfermedad viene del diablo. Existen dos posiciones extremas en el cuerpo de Cristo con respecto a esto. Un grupo sostiene que toda enfermedad viene del diablo. No es cierto, a menos que queramos decir que toda enfermedad entró en el mundo por causa de la caída del hombre. El otro grupo está empeñado en la creencia de que ninguna enfermedad viene nunca del diablo. Afirman que la enfermedad es sólo una realidad científica con la que tenemos que contender. Esto es igualmente incorrecto.

Las enfermedades pueden ser causadas por gérmenes. Muy a menudo, no estamos enfermos por causa del diablo, ni por causa del pecado en nuestra vida, ni por causa del juicio de Dios. Estamos enfermos por las bacterias, los virus o algunas anomalías fisiológicas que nos afectan. Así es el mundo en que vivimos. Pudiéramos estar enfermos debido a una debilidad inherente. Por ejemplo, sólo porque uso lentes no significa que tengo un demonio. Nuestros cuerpos son finitos y se descomponen. La debilidad ha sido heredada en la familia humana desde la caída.

La enfermedad puede ser también el resultado del abuso de nuestro cuerpo. La dieta incorrecta, la falta de ejercicio o la falta de descanso pueden acarrear enfermedades.

Ocasionalmente, sin embargo, la enfermedad puede venir de una fuente sobrenatural. Pudiera ser un acto de Dios. Yo solía predicar que Dios nunca traería enfermedades a sus hijos. Pero leí la Biblia y encontré que a veces lo hacía. Dios, ocasionalmente, usa la enfermedad como juicio físico. Cuando lo hace, es un acto de misericordia para producir arrepentimiento y restauración. Si una enfermedad es de Dios y la persona se arrepiente, casi siempre hay una recuperación inmediata.

Una vez, mientras ministraba en Nueva Guinea, un joven que trabajaba con nosotros desarrolló una misteriosa fiebre que le duró cuatro semanas. Oramos continuamente por él y obtuvo atención médica. Pero aunque vimos que otros sanaban durante ese tiempo, ni nuestras oraciones ni la medicina producían su efecto en el joven. Entonces, un día confesó una terrible amargura que había albergado en su corazón. Fue instantáneamente sanado sin que se ofreciera otra oración por él.

Otra causa sobrenatural de enfermedad puede ser el diablo. Necesitamos resistir sus ataques. Diga algo como esto: "Satanás, me niego a aceptar este ataque. Te lo ordeno en el nombre de Jesús: ¡Déjame en paz!" Si no estamos seguros de que sea un ataque de Satanás, necesitamos preguntarle a Dios. El nos mostrará el origen del problema. Cualquiera que sea la causa, siempre debemos acercarnos a Dios para recibir entendimiento y sanidad.

2. Afrentas

Satanás ataca mediante las afrentas. Son su intento de desacreditarnos. El mundo está atento observando a la iglesia de Jesucristo. Si hay alguna vez una razón para condenar, Satanás asegurará el reproche de la iglesia. Tristemente, muchos creyentes ayudan al diablo a traer la afrenta, sea por su propio pecado o por su constante sospecha y calumnia de otros hermanos.

Los medios de comunicación serán los primeros en proclamar nuestra deslealtad, nuestros escándalos, nuestra infidelidad. El mundo procurará vincular a los creyentes con todo culto extraño o líder religioso hipócrita. Resista al enemigo y rehúse ser parte de sus ataques para traer afrentas. Una manera de bloquearlo es resistiendo la tentación usted mismo. Antes de entregarse al pecado, piense en la manera que Satanás procura hacer que usted sea la causa de la afrenta. También, detenga los ataques de Satanás sobre otros, negándose a esparcir calumnias y chismes. Si usted está involucrado en la publicación de libros o de artículos para revistas, tenga especial cuidado de no atacar a los hermanos y hermanas en Cristo.

3. Necesidades

Satanás puede atacarnos con privaciones, o en las palabras de 2 Corintios 12:10, enviándonos necesidades. Los poderes de las tinieblas tratan de impedir la adquisición de lo necesario para llevar el evangelio a los perdidos. Esta es una estrategia muy importante del enemigo para desacreditar la fidelidad de Dios, y para impedir que su obra prospere. Por desgracia, su éxito es sorprendente. ¿Cuántos misioneros y pastores se han rendido, desilusionados después de años de enfrentar grandes penurias económicas? Tenemos que resistir al enemigo y ver la liberación de finanzas, edificios, obreros y todas las provisiones que necesitamos para el ministerio. Debemos resistir al diablo hasta que se rinda. El espera que nosotros nos rindamos primero.

4. Persecuciones

Satanás ataca también mediante la persecución. El estorbará la predicación del evangelio persiguiendo a los predicadores. La historia está repleta de martirios, encarcelamientos y todo método concebible de estorbo; todo para impedir que el evangelio sea proclamado. Satanás también usa la persecución para impedir que los creyentes vivan vidas consagradas.

5. Angustias

Por último, los poderes de las tinieblas pueden atacarnos ejerciendo influencia para que sintamos angustia. Conforme las circunstancias y las relaciones entran bajo asedio, somos tentados siempre a afligirnos en vez de permanecer llenos de fe. El enemigo nos lleva a la desesperación y al pánico, con la esperanza de que nos demos por vencidos. Hay una presión increíble para abdicar, renunciar, agotarse o sentir que no podemos hacer frente a la vida o al ministerio.

Es tiempo de detener al diablo

El diablo hace en nuestra vida todo lo que le permitimos hacer, y no se rinde fácilmente. El conoce la naturaleza humana y confía en nuestra falta de perseverancia, esperando que nos demos por vencidos primero, como lo hacemos a menudo. Si continuamos resistiéndolo, al final se rendirá. Quizás no sea inmediatamente, pero lo hará. Cuanto más determinados estemos, menos determinado estará él. Si estamos convencidos de que tenemos autoridad, él lo verá y finalmente cesará su ataque. Nunca debiéramos ceder terreno o desanimarnos. La victoria es nuestra, pero el precio es la fe y la perseverancia.

Vivimos en un mundo caído. La maldad nos rodea, pero Cristo está dentro de nosotros. Continuaremos padeciendo cosas que nos gustaría evitar. Si respondemos en forma correcta, creceremos espiritualmente. Somos probados para que podamos desarrollar nuestro carácter. Somos expuestos a la tentación para fortalecernos y para desarrollar odio por el mal. Somos atacados por Satanás para que podamos acrecentar nuestra dependencia de Dios y desarrollar nuestros "músculos" espirituales. Dios nos llama para que dejemos de ser víctimas y nos convirtamos en guerreros poderosos en medio de todas las realidades de la vida.

CAPITULO ONCE

¿Cambia la oración en realidad las cosas?

Estamos en el fragor de la batalla y esta guerra se libra en nosotros. Nosotros somos el campo de batalla. Fuerzas inmensas están en pugna, haciendo guerra por ganar nuestra alma. Mientras esto ocurre, también nos desarrollamos como guerreros. Hemos de pelear, no sólo por nosotros, sino por toda otra víctima de los ataques de Satanás. Debemos ser guerreros espirituales para el reino de Dios en el mundo.

El mundo en que vivimos está sumamente contaminado por la maldad. Desafortunadamente, todos los años aumenta el número de asesinatos, de crímenes sexuales y de niños maltratados en todo el mundo. Todos los días balas, bombas, incendios y conductores ebrios tronchan vidas inocentes. La gente roba, miente y defrauda. Los gobiernos explotan y oprimen. Funcionarios públicos y hombres "de confianza" realizan cosas indecibles. Nuestros hijos son presa de las drogas, la pornografía, la homosexualidad, el suicidio y el ocultismo. Millones de personas esperan pasivamente que la enfermedad y el hambre les roben la vida.

Retirada por pánico o azote con furia

Sencillamente, es demasiado para aguantar. Algunos reaccionan batiéndose en retirada. Procuran hacer caso omiso del mundo, y tratan de concebir sólo pensamientos agradables. Esta gente erige muros de simulación en torno a su vida para que los aíslen del mundo. Muchos han escogido esta ruta, sin hacer caso a la muerte y a la destrucción que los rodea. Pueden ser felices y estar contentos, rodeados por el arte y la música, eludiendo los sectores malos de la ciudad, y no escuchando las noticias para no deprimirse.

La reacción opuesta es atacar ferozmente el mal, saltando en medio de la palestra con furia irracional. Estas personas ven las grandes injusticias aunque no entiendan su verdadero origen. Con gran desesperación, ira y amargura, determinan hacer algo, cualquier cosa. Abrazan el humanismo, la Nueva Era, el marxismo . . . cualquier cosa que diga que combate radicalmente las condiciones del mundo.

Hasta los creyentes pueden emprender una acción equivocada. Muchas personas bienintencionadas dan dinero, tiempo y esfuerzos para mejorar la situación del hombre, pero pasan por alto la forma espiritual de combatir la maldad. Están más interesadas en la condición del hombre que en el corazón de Dios. Asisten a las protestas, organizan boicoteos o lanzan esfuerzos educacionales, pero pasan muy poco o nada de tiempo en oración haciendo guerra espiritual, y tampoco evangelizan.

Hay una acción intermedia entre estos dos extremos. No tenemos que batirnos en retirada por causa del dolor, ni agitarnos con actividades frenéticas. Podemos llegar a un punto donde no seamos arrollados por las realidades del planeta en que vivimos. Podemos estar conscientes del pecado en el mundo y hacer algo verdaderamente eficaz para detenerlo. Podemos ser entrenados como guerreros para el avance del reino de Dios. Para eso es que Dios nos dejó aquí.

El cristianismo maduro comienza sabiendo lo que Dios ha hecho por usted, y quién es usted en Cristo. Esto es fundamental, pero no es suficiente. Nunca habremos madurado hasta que aceptemos nuestras responsabilidades de esparcir el reino de Dios. Estamos aquí para luchar, y cuanto antes lo aprendamos, más pronto alcanzaremos la madurez cristiana. No es sólo lo que Dios ha hecho por nosotros, sino lo que nosotros podemos hacer por medio de Dios como guerreros.

Defensa y ataque

Como guerreros, adoptamos posiciones defensivas y ofensivas. Todo equipo de fútbol tiene una modalidad defensiva. Esta hace todo lo que está a su alcance para impedir que el otro equipo penetre en su lado del campo. Un buen equipo defensivo impide que el oponente gane terreno. Lo mismo es cierto en la guerra espiritual.

Efesios 6:10, 11 dice: "Por lo demás, hermanos míos, fortaleceos en el Señor, y en el poder de su fuerza. Vestíos de toda la armadura de Dios, para que podáis estar firmes contra las asechanzas del diablo."

El estar firmes es nuestra defensa de justicia y verdad. Cuando hemos contraído un compromiso con la justicia y la verdad, debemos defenderlas en nuestra vida, y en el ámbito más amplio de la sociedad.

Hay también una posición ofensiva. Además, al igual que un equipo de fútbol, no sólo queremos mantener nuestro terreno, sino atacar hasta llegar al arco del oponente. Queremos penetrar sus defensas. Lamentablemente, muchos operan sólo en la defensiva espiritual. Su meta más alta es que el partido termine en un empate. No están dispuestos a ganar terreno nuevo para Dios, y sólo esperan que el diablo no gane puntos.

Las puertas del Hades prevalecen

Vamos a reunión tras reunión en la iglesia y continuamente oímos que Dios está edificando su iglesia. Oímos que la iglesia es poderosa y que "las puertas del Hades no prevalecerán contra ella". Decimos: "¡Amén, qué maravilloso!" Pero la triste verdad es que la puertas del Hades *están* prevaleciendo. Ciudades enteras, universidades, escuelas superiores, clubes, familias, matrimonios e individuos están atrapados tras las puertas del Hades.

La Biblia no dice que las puertas del Hades se vendrán abajo automáticamente. Las puertas son un arma defensiva. Si no hay ataque, continuarán en pie. Las puertas del Hades no caerán solas. Un cuerpo de Cristo fuerte y maduro tiene que ir a la ofensiva; tenemos que ir contra ellas. Cuando avanzamos contra las puertas del Hades, entonces, éstas no prevalecerán (Mateo 16:18). Vamos al ataque poniéndonos toda la armadura de Dios y estando firmes contra las estratagemas del diablo.

La Biblia registra meticulosamente los acontecimientos en la historia de Israel para que aprendamos de ellos verdades espirituales. Podemos aprender a atacar en nombre de Dios, por las experiencias de Israel en la conquista de la Tierra Prometida.

> *Estas, pues, son las naciones que dejó Jehová para probar con ellas a Israel, a todos aquellos que no habían conocido todas las guerras de Canaán (Jueces 3:1).*

Dios liberó a Israel de la esclavitud en Egipto. Este suceso histórico muy real se parece mucho a nuestra salvación. Cuando somos salvos, somos sacados de la esclavitud. Cuando Dios llevó a Israel por el mar Rojo, podemos compararlo con nuestro bautismo. Cuando lo llevó por el desierto, fue para ser probado, tentado, atacado y, finalmente, renovado, fortalecido y purificado. Esto también se correlaciona con la experiencia cristiana. Dios llevó a los israelitas al desierto para descubrir si tenían lo que necesitaban para ser el pueblo de Dios. No lo tenían. Entonces, Dios usó el desierto para producir otra generación. Finalmente, después de cuarenta años, surgió un pueblo suficientemente maduro, comprometido y fuerte para que se le confiara entrar en la Tierra Prometida.

Enemigos en la Tierra Prometida

Dios los condujo por el medio del Jordán con otro acto sobrenatural, y ellos entraron en la Tierra Prometida. Casi quinientos años después que Dios le había hablado a Abraham, finalmente estaban en su patria, una tierra que fluía leche y miel.

¡Qué tiempo más increíble de celebración debe haber sido! Seguramente esperaban un tiempo de paz, prosperidad y descanso. Pero cuando el júbilo acabó y miraron a su derredor, descubrieron que no estaban solos en la Tierra Prometida. La tierra estaba llena de tribus hostiles y guerreras que adoraban a dioses extraños. Y no estaban dispuestas a entregar las llaves de sus ciudades a los israelitas.

Israel debió de haberse preguntado si estaría en la tierra correcta. ¿Fallaría Dios en su promesa? ¿No habían acabado ya con la lucha? ¿Dónde estaba el descanso? ¿Quién era esa gente extraña, y por qué les había permitido Dios quedarse en la Tierra Prometida?

Dios no falló. La Tierra Prometida era exactamente como debía ser. Jueces 3:1 dice que Dios, a propósito, dejó naciones hostiles para hacer guerreros de Israel. No quiere decir que Dios estableciera a esas naciones como víctimas para entrenamiento; esos grupos merecían el justo castigo. Pero Dios no trajo su juicio sobre ellos sobrenaturalmente, como con Sodoma y Gomorra. En vez, los dejó para que Israel se encargara de ellos. Tenían que aprender a luchar.

Tenemos que luchar

Esto es exactamente lo que sucede con todo creyente: la salvación nos lleva a la Tierra Prometida, pero tenemos que aprender a ser guerreros espirituales. Tenemos que enfrentarnos con nuestras propias "tribus hostiles".

La Biblia enseña que a menos que nosotros las echemos fuera, esas tribus no serán expulsadas. Y a menos que dependamos de Dios, no seremos capaces de echarlas. La misma presencia de esas tribus mantuvo al pueblo de Dios dependiendo completamente de él. Dios le decía a Israel, y nos dice hoy a nosotros que si somos inflexiblemente obedientes a él, no tenemos por qué perder nunca una batalla o nuestro descanso en él.

Al igual que con los hijos de Israel, nuestra Tierra Prometida está completa. Dios ya le hizo todo lo que le iba a hacer al diablo en esta tierra. El resto depende de nosotros. Tenemos que echar afuera los poderes de las tinieblas. No lo podemos hacer sin Dios. Y Dios no lo hará aparte de nosotros. Así son las cosas en el planeta Tierra. Tenemos que aprender a ser guerreros. Tenemos que aprender a depender de Dios. Si continuamente andamos en obediencia a Dios, no necesitamos perder una batalla nunca. Pero nosotros mismos haremos la lucha.

No les hago ningún bien a mis hijos si descubro que han hecho algún desorden y yo, como padre, lo limpio por ellos. Llegarán a ser responsables sólo si yo los obligo a limpiarlo. Nosotros hemos desordenado la tierra mediante el pecado. Nuestro Padre celestial ha dicho que aunque él nos ayudará, nosotros tenemos que limpiarla.

Dios nos dice que tenemos responsabilidades. Hay ciertas cosas que Dios hará por medio de nosotros, pero no a pesar de nosotros. Tenemos que evangelizar. Tenemos que orar. Tenemos que resistir al diablo. Si nosotros no lo resistimos, no será resistido. Debemos estar llenos del Espíritu de Dios, y en el nombre de Jesucristo, y con su infinita gracia y poder, podemos convertirnos en guerreros competentes. Si estamos esperando indolentes que Dios lo haga todo, esperamos en vano. Esta no es la manera en que él opera en la tierra. Mucho de lo que él hace es por medio de su pueblo. El nos ha dicho lo que debemos hacer y nos ha dado armas para usarlas.

Las armas que nos dio

¿Cómo hacemos guerra espiritual? El método principal es mediante la intercesión. "Exhorto ante todo, a que se hagan rogativas, oraciones, peticiones y acciones de gracias, por todos los hombres" (1 Timoteo 2:1).

Cuando Pablo le escribió a Timoteo diciéndole "ante todo", puso la oración en primer lugar, en el orden de importancia para la iglesia. La oración es sencillamente comunión con Dios, conversar con él, y escuchar su voz y dirección. Todo acontecimiento y movimiento en la historia de la iglesia fue engendrado en la oración. Desde el apóstol Pablo hasta Juan Wesley y Billy Graham, el efecto que ha tenido sobre la tierra un movimiento del Espíritu ha sido en proporción a la oración de la iglesia. La oración a favor de todos los creyentes debe ser "ante todo".

Peticiones

Un tipo de oración que Pablo menciona en 1 Timoteo 2 es la "petición". Peticiones son sencillamente ruegos hechos a Dios. Las súplicas son peticiones continuas. Muchos de nosotros hemos oído decir a algunos predicadores: "Dios se cansa de tanto pedir." Pero en ninguna parte de la Biblia dice que Dios se disgusta porque le pidamos. El es un Dios que da y quiere lo mejor para nosotros. Necesitamos aprender a pedir con los motivos correctos, pero debiéramos sentir siempre la libertad de pedir a Dios.

Acciones de gracias

Pablo incluye también las oraciones de "acciones de gracias". Estas son oraciones que reconocen con fe que Dios es Dios y que él está obrando en nosotros, con nosotros, y por medio de nosotros. Debiéramos declarar confiadamente que él hará lo que le pedimos: *Gracias, Señor, tú lo harás. Gracias, Señor, tú eres justo. Gracias, Señor, tú puedes hacer mucho más abundantemente de lo que pedimos o entendemos.*

Toda petición que le hagamos a Dios ha de hacerse con acciones continuas de gracias. Cada oración de acción de gracias lanza otra flecha al campo de Satanás, así como toda queja y confesión de incredulidad atrae una flecha al nuestro.

Rogativas

Cuando Pablo habla de "rogativas" o intercesión como tipo de oración, quiere decir dos cosas. Es, primeramente, ministerio y oración "en favor de". Jesucristo es el gran intercesor y nuestro ejemplo cuando se trata de la intercesión. El vivió sin pecado para beneficio de nosotros. Murió en la cruz para beneficio de nosotros. El vive todos los días para interceder por nosotros (Hebreos 7:25). Su vida, muerte y resurrección fueron actos de intercesión. El está en este mismo momento intercediendo por nosotros delante del Padre.

Segundo, rogativas o intercesión significa "interponerse". Siempre hay un objeto externo por el que se intercede. No podemos interceder por nosotros mismos. Podemos hacerlo por otros individuos, así como por ciudades, países, grupos comerciales o situaciones. Ellos se convierten en el objeto de la oración y la intercesión. Intercesión es interponerse entre dos cosas. Nos paramos entre Dios y el objeto de nuestra intercesión, o entre el objeto y el diablo.

Cuando intercedemos entre el objeto de nuestra oración y Dios, hacemos peticiones específicas para provisión, protección, dirección o bendiciones de Dios en favor de la persona, lugar o cosa por la que oramos. También nos interponemos entre el objeto de nuestra oración y Dios para impedir o retardar un juicio. En muchos casos, la única razón por la que Dios no ha enviado su juicio es porque hemos estado intercediendo en favor del mundo y de sus habitantes. No quiere decir que seamos más misericordiosos que Dios. El siempre desea mostrar misericordia. Nuestras oraciones le proporcionan a él causa justa para demorar el juicio y dar mayor oportunidad para que los individuos se arrepientan (Exodo 32:32; 2 Pedro 2:9; Génesis 18:16-33).

Somos una amenaza para el diablo

Como intercesores, nuestra tarea es interponernos entre el diablo y la gente por la que intercedemos. Esto impide lo que Satanás haría de otra manera. Rechazamos sus ataques, frustramos sus estratagemas y disminuimos su eficiencia.

Por eso es que el diablo emplea tantas energías procurando mantenernos preocupados por nosotros mismos. Las potestades de las tinieblas quieren que estemos tan concentrados en nuestros problemas que no intercedamos por otros. A Satanás le gustaría tenernos atados por el miedo, la depresión, la lujuria y el materialismo. Quizás no le importe que oremos, mientras sea egocéntricamente. Pero él quiere impedirnos a toda costa que intercedamos y obstruyamos su obra en el mundo. Debemos ver la amenaza que somos para él como intercesores y reconocer nuestra trascendencia en la tierra como agentes de Dios.

Cuando nos interponemos entre el diablo y el objeto de nuestra intercesión, tenemos que resistir activamente las potestades de las tinieblas. Un ejemplo de intercesión por un individuo pudiera ser el siguiente:

> *Padre, venimos ante ti en el nombre de Jesucristo y te pedimos que traigas convicción sobre (fulano) y lo lleves al arrepentimiento en su vida. Satanás, venimos en contra tuya en el nombre de Jesucristo, y cortamos tu influencia en la vida de esta persona en los aspectos de . . . .*

Las palabras que usemos no son tan importantes como el hacerlo realmente. Necesitamos comprender lo que hacemos en la dimensión invisible, y resistir a Satanás en el nombre de Jesucristo, prohibiéndole que actúe.

Atando y desatando

Jesús dijo: "Todo lo que atares en la tierra será atado en los cielos; y todo lo que desatares en la tierra será desatado en los cielos" (Mateo 16:19). Cortamos al enemigo del objeto de nuestras oraciones (atando), y oramos para que el reino venga al objeto (desatando). El reino es simplemente donde el Rey (Jesucristo) reina. "Desatamos" pidiendo que cosas específicas del reino vengan sobre el objeto, cosas como convicción, gracia, amor y revelación. Atamos las fuerzas demoníacas para que cesen de obrar y de ejercer su influencia, y damos libertad a los ángeles y al Espíritu de Dios para que ejerzan su influencia e intervengan.

Una pregunta que se me formula con frecuencia es si tenemos que resistir al diablo cada vez que intercedemos. No; la intercesión puede incluir la lucha espiritual, pero no tiene que incluirla siempre. No tenemos que resistir al diablo cada vez que oramos, pero a menudo es necesario hacerlo.

¿Es usted el que falta?

Dios nos ha escogido para ser guerreros en el nombre de Jesucristo. Si alguna vez nos hemos sentido insignificantes, sólo tenemos que leer Isaías 59. La primera porción de Isaías 59 describe a la sociedad que conocemos hoy. Hay falta de rectitud, y abundan la injusticia y la maldad. Después de explicar la maldad en el mundo, Isaías hace constar la reacción de Dios: "Y lo vio Jehová, y desagradó a sus ojos, porque pereció el derecho. Y vio que no había hombre, y se maravilló que no hubiera quien se interpusiese" (Isaías 59:15, 16).

Isaías dice que el Señor ve la maldad en el mundo y no le gusta lo que ve. Tenemos que recordar que Dios lo ve todo. No hay nada que se le escape. Nos enardecemos tanto cuando vemos la injusticia y la maldad en el mundo, que encontramos difícil creer que Dios esté tan consciente de ello como nosotros. Sin embargo, a él nunca se le ha pasado un pecado, una palabra grosera, un pensamiento solitario o una injusticia. El lo registra todo en su mente infinita y siente el dolor de cada uno en su gran corazón de Padre. Dios también tiene reacciones emocionales por lo que ve. El se entristece y le desagradan hasta lo sumo las cosas malas. A él no le gustan esas cosas ni las tolera.

Muchos piensan que a Dios no le interesan esas cosas, y que lo que va a suceder, sucederá. Esto, como ya lo mencionamos, no es un concepto cristiano. El islam dice que cualquier cosa que suceda es la voluntad de Alá. ¿Cómo habremos de interceder para que haya cambios en el mundo si pensamos que las cosas terribles son la voluntad de Dios? La Biblia es clara: Dios aborrece toda maldad y todo acto egoísta del hombre.

Los sentimientos de Dios son un poder en la intercesión. Intercedemos porque sabemos que a Dios no le agrada la forma en que están las cosas y está dispuesto a cambiarlas.

El versículo 16 de Isaías 59 dice, entonces, que Dios vio que no había hombre y se maravilló que no hubiera quien intercediera. ¿Por qué buscaba un hombre el Dios eterno, omnipotente y soberano? ¿Hay algo que podamos hacer? ¿No podía él detener lo que estaba pasando? ¿Por qué necesitaba a un hombre el Dios todopoderoso?

Dios también tiene preguntas

Todo el mundo, incluyendo los creyentes, ven las cosas terribles que pasan y dicen: "¿Por qué Dios no hace algo?" "¿Dónde está Dios?" La Biblia dice que él también hace preguntas. Ve la maldad y se sorprende porque no hay nadie intercediendo. "¿Dónde están los creyentes?" "¿Cómo es que no hacen nada?" ¿Por qué busca Dios a un hombre? ¿Por qué se maravilla cuando no hay intercesores? Porque él sabe la importancia de la intercesión y el papel del hombre en la tierra.

Dios ha establecido ciertos principios irrevocables en el universo. El intervendrá en los asuntos de la humanidad de acuerdo con el grado y lo específicamente que oremos. Por eso es que Dios busca a un hombre para que interceda. Por eso es que se maravilla cuando no encuentra a ninguno. Dios es todopoderoso. El tiene el amor, y está totalmente dispuesto a operar cambios en el mundo. Pero se queda maravillado, hasta conmocionado cuando no oramos. Dios está exclamando a su pueblo: "Yo quiero intervenir. Quiero bendecir. Quiero salvar. Quiero proteger, proveer y detener la injusticia. ¿Por qué no interceden?"

Tenemos que saber sin lugar a dudas que la oración cambia las cosas. Produce diferencia como ninguna otra cosa. La oración cambia las cosas porque Dios la contesta. Dios se manifiesta cuando oramos. Dios sabe lo que quiere hacer en la tierra y en la vida de las personas que nos rodean. Por eso es que Dios nos revela su voluntad y es específico cuando lo hace. El quiere que oremos de acuerdo con su voluntad. Dios nos dice hasta lo que debemos orar. Esperamos en Dios; él nos habla. Oramos según su voluntad; y entonces él entra en acción.

Dios no está limitado o incapacitado de hacer nada sin las oraciones del hombre. Dios puede hacer lo que él quiera. El es soberano. El no está atado por el hombre. Sin embargo, parece que Dios ha escogido incluir al hombre en la responsabilidad y autoridad de este planeta. Dios ha escogido intervenir en nuestros asuntos al grado en que oremos. Dios no eliminará al intermediario. Hay ciertos aspectos en los que Dios no intervendrá a menos que oremos. Y con derecho se maravilla cuando no lo hacemos.

¿Por qué no oramos más? Creo que se debe a que no estamos convencidos de que nuestras oraciones hagan realmente alguna diferencia. Y cuando oramos, con frecuencia repetimos palabras y sonidos que oímos de otros. Necesitamos orar con la firme convicción de que nuestras oraciones establecerán una diferencia.

Pautas para la oración, no un ritual

Cuando los discípulos de Jesús le preguntaron cómo debían orar, él les enseñó lo que llamamos el Padre Nuestro. El Padre Nuestro no es tanto una oración como una explicación de cómo la dimensión terrenal encaja en la dimensión celestial, y de cómo los cielos vienen a la tierra. El Padre Nuestro presenta instrucciones para orar con dinamismo.

La oración modelo en Mateo 6:9-13 comienza con "Padre nuestro . . . . " Jesús nos dio permiso para acercarnos a Dios confiadamente desde una base abierta e íntima de Padre a hijo. Jesús dijo entonces que orásemos de esta manera: "Venga tu reino.

Hágase tu voluntad . . . en la tierra." Estoy convencido de que más que sólo repetir sus palabras, él quiere que fervientemente insistamos. El quiere que oremos para que se haga la voluntad de Dios y para que avance su reino. El quiere que oremos para que se haga su voluntad en todas los aspectos de nuestra vida, en nuestra familia, amigos y conocidos, en ciudades y países, y en toda situación.

Venga tu reino

¿Podemos orar para que el reino de Dios sea establecido en la tierra? El libro del Apocalipsis dice que un día Dios establecerá su reino en la tierra. Es cierto, y toda palabra se cumplirá. Ya sea que oremos o no, Dios realizará lo que ha prometido hacer.

Sin embargo, hay otro aspecto del reino de Dios, del reino que está dentro de todo creyente (Lucas 17:21). Este es el reino que Jesús dijo que orásemos para que viniera. Hubiera sido una broma muy pesada si Jesús nos hubiera enseñado a orar: "Venga tu reino", sabiendo que nuestras oraciones no harían ninguna diferencia. Pero nuestras oraciones sí cuentan. Si no oramos, el reino no vendrá. Y porque no hemos orado lo suficiente, el reino de Dios no está en más de dos billones de personas en la tierra.

Hágase tu voluntad

¿Se hace la voluntad de Dios en la tierra? Es una pregunta difícil. Si decimos "sí", ¿significa que el pecado y la maldad son la voluntad de Dios? Si decimos "no", ¿significa que Dios no está en control de lo que pasa en el planeta Tierra? La respuesta es "sí *y* no". Dios no quiere la maldad, ni el pecado, ni la muerte, ni la destrucción en la tierra. Ni es su voluntad que Satanás gobierne e influya como lo hace. Dios está, no obstante, todavía en completo control. Está haciendo exactamente lo que dijo que haría. Está promulgando sus propósitos eternos en la tierra y es soberano para intervenir en cualquier terreno. Dios escoge intervenir en los asuntos del hombre por medio de los hombres, y en respuesta a sus oraciones.

Dios aborrece el pecado. El está firme contra la iniquidad. La gente perece todos los días, pero él no quiere "que ninguno perezca" (2 Pedro 3:9). El quiere que todos los hombres sean salvos (1 Timoteo 2:4). Sabemos que no todos se salvarán, pero podemos ver los deseos de Dios. El anhela establecer su voluntad en todos los que le respondan. No obstante, hay muchos lugares y situaciones donde la voluntad de Dios no se hace. Por eso es que Jesús nos enseñó a orar: "Venga tu reino. Hágase tu voluntad, como en el cielo, así también en la tierra." El nos ha dado la tarea de guardas o centinelas.

> *Sobre tus muros, oh Jerusalén, he puesto guardas; todo el día y toda la noche no callarán jamás. Los que os acordáis de Jehová, no reposéis, ni le deis tregua, hasta que restablezca a Jerusalén, y la ponga por alabanza en la tierra (Isaías 62:6, 7).*

Aunque Isaías 62 se refiere a Jerusalén en otro tiempo, revela un principio que se puede aplicar hoy. Estoy seguro de que todos hemos oído decir: "Cuando ores, pide sólo una vez. Si pides dos veces, manifestarás falta de fe." Esto no está en la Biblia. En realidad, lo contrario es la verdad. Debemos pedir y *seguir pidiendo* hasta que venga la respuesta o hasta que él nos diga que hemos pedido lo suficiente. Dios pudiera indicarnos que nos detengamos después de la primera vez, y que confiemos en él. La clave es buscar a Dios y obedecerlo.

En Isaías, Dios puso "guardas" o intercesores para orar todo el día y toda la noche pidiendo a Dios una y otra vez. Tenemos que "recordarle al Señor", orar sin darle "tregua hasta que" nuestras oraciones sean contestadas. Dios nos pide que seamos incesantes, que nos mantengamos exigentes hasta que nuestras oraciones hayan dado resultado.

Las oraciones en la Biblia fueron osadas

Muchos temen molestar a Dios con sus peticiones. Nuestras oraciones se convierten en sugerencias vagas, como: "Dios, siento molestarte. Sé que estás ocupado, pero si pudieras, por favor . . . si no es demasiada molestia . . . si es tu voluntad. Pero si no, yo entiendo . . . quizás . . . tal vez." No son así las oraciones que encontramos en la Biblia. Los hombres y las mujeres de la Biblia conocían a Dios y sabían lo que eran en Dios. Ellos también sabían que sus oraciones cambiaban las cosas en el mundo. Hicieron oraciones osadas y dinámicas que eran resueltas y directas. Dios nos ha dado permiso para orar con intrepidez y continuar buscándolo hasta que nos responda.

Es Dios quien dice: "No me deis tregua." El no se va a ofender por nuestra temeridad. Nos podrá corregir si oramos impulsados por motivos incorrectos, pero él está deseoso de escucharnos y responder. Nehemías, David y otros exigieron de Dios que los escuchara. Razonaron con Dios. Lucharon con él. No era por orgullo o arrogancia. Ellos sabían simplemente que Dios quería que fueran tras él y no le dieran tregua. Orar con temeridad y específicamente no es una señal de falta de respeto. Viene de entender el carácter de Dios, y lo que significa ser su hijo. Dios nos exhorta: "¡Vengan, no me den tregua! Quiero salvar y bendecir, sanar e intervenir. Vengan y oren sin cesar."

Un desafío a su fe

A veces hay historias bíblicas que nos incomodan porque no entendemos todo lo que sucede en la situación. La historia de la mujer cananea en Mateo 15 es una de ellas.

> *Y he aquí una mujer cananea que había salido de aquella región clamaba, diciéndole: ¡Señor, Hijo de David, ten misericordia de mí! Mi hija es gravemente atormentada por un demonio. Pero Jesús no le respondió palabra (Mateo 15:22, 23).*

¿Por qué actuó Jesús de esa manera? El tuvo una vida sin pecado. Nunca actuó motivado por el egoísmo. Siempre fue compasivo y justo. Entonces, ¿por qué parecía tan descortés hacia esa mujer cananea? ¿Por qué no le respondió? Había aquí una mujer clamando con desesperación, y Dios no le respondía.

¿Cuántas veces hemos orado y Dios no ha respondido? Esto pudiera ser difícil, pero la Biblia muestra que Dios a veces se demora en responder a nuestras oraciones. Cuando Dios no contesta, nosotros nos contrariamos y nos enfadamos. Decimos: "No da resultado. Dios no me ama. De nada vale. Mejor lo dejo, es imposible." Y nos vamos con menos fe de la que teníamos antes de orar.

Jesús no respondió a la mujer. Pero note esto, ella pidió otra vez. No se marchó desalentada; insistió y pidió de nuevo. Finalmente, Jesús le respondió, ¡pero su respuesta infería que ella era una perrilla! Este menosprecio era característico de la manera en que los israelitas miraban a los fenicios. ¿Se comportaba Jesús con crueldad? ¿Era él una persona intolerante? No; Jesús sólo le recordaba su posición según la percibía su sociedad. El conocía la fe en su corazón y la desafiaba. Era un planteamiento que exigía una respuesta.

Ella respondió: "Sí, Señor; pero aun los perrillos comen de las migajas que caen de la mesa de sus amos" (v. 27). Esta mujer no estaba al tanto de la historia de los judíos. No sabía de todos los héroes e historias de las Escrituras, pero sabía lo que quería y sabía que Jesús podía responder a su oración. Jesús alabó la gran fe de su reacción. Su fe no estaba en pedir una vez, sino en seguir pidiendo, sabiendo que Jesús podía y sanaría a su hija. Y eso fue precisamente lo que hizo.

La fe verdadera no se da por vencida, sino que perseverará. Las oraciones de fe no son una sola vez, sino orar *hasta que* . . . . A veces Dios se demora para motivarnos a orar más, porque Dios nos responde según el grado en que oremos. Dios quiere que le busquemos con mayor diligencia, a pesar de las circunstancias y a pesar de que la respuesta demore.

Líbrese de restricciones; sea intrépido

Jesús cuenta una parábola en Lucas 11:5-9:

> *¿Quién de vosotros que tenga un amigo, va a él a medianoche y le dice: Amigo, préstame tres panes, porque un amigo mío ha venido a mí de viaje, y no tengo qué ponerle delante; y aquél, respondiendo desde adentro, le dice: No me molestes; la puerta ya está cerrada, y mis niños están conmigo en cama; no puedo levantarme, y dártelos? Os digo, que aunque no se levante a dárselos por ser su amigo, sin embargo por su importunidad se levantará y le dará todo lo que necesite. Y yo os digo: Pedid, y se os dará; buscad, y hallaréis; llamad, y se os abrirá.*

Jesús escogió con precisión los componentes de esta parábola. Sin embargo, vea las incongruencias en la historia. La mayoría de nosotros nunca iría a la casa del vecino a pedir comida prestada después que ellos se hubiesen ido a la cama. No es comportamiento aceptable. Y persistir después que él diga: "Vete", ciertamente sería descortés. Este hombre, con intrepidez, rompió con varias reglas sociales. Y fue, sin embargo, su persistencia la que le proporcionó lo que necesitaba.

La mayoría de nosotros no nos atreveríamos a comportarnos de esa manera. Sin embargo, Dios lo permite, hasta lo alienta cuando tiene que ver con la oración. Las últimas palabras de este versículo tienen un significado literal en el griego original que quiere decir: "Pedid, y seguid pidiendo . . . buscad, y seguid buscando . . . llamad, y seguid llamando." Jesús dice en esta parábola que vayamos más allá de cualquier restricción que tengamos, y que no dejemos que ninguna clase de convencionalismo estorbe nuestras oraciones.

Siga importunando al juez

Jesús cuenta otra historia en Lucas 18:1-8:

> *También les refirió Jesús una parábola sobre la necesidad de orar siempre, y no desmayar, diciendo: Había en una ciudad un juez, que ni temía a Dios, ni respetaba a hombre. Había también en aquella ciudad una viuda, la cual venía a él, diciendo: Hazme justicia de mi adversario. Y él no quiso por algún tiempo; pero después de esto dijo dentro de sí: Aunque ni temo a Dios, ni tengo respeto a hombre, sin embargo, porque esta viuda me es molesta, le haré justicia, no sea que viniendo de continuo, me agote la paciencia. Y dijo el Señor: Oíd lo que dijo el juez injusto. ¿Y acaso Dios no hará justicia a sus escogidos, que claman a él día y noche? ¿Se tardará en responderles? Os digo que pronto les hará justicia. Pero cuando venga el Hijo del Hombre, ¿hallará fe en la tierra?*

¿Encuentra Jesús fe en la tierra cuando su pueblo no persevera en oración? Jesús contó estas historias para que pudiéramos entender el significado del orar con persistencia. Debemos asirnos de Dios en nuestras oraciones y no soltarnos de él hasta que veamos resultados. Debemos orar y continuar orando, para sacudir el cielo hasta que veamos respuestas a nuestras oraciones. Nuestra diligencia en la oración no es para despertar a Dios, ni para mendigarle, ni negociar con él, ni convencerlo. El ya está convencido y deseoso de socorrer, bendecir y salvar. Así es su carácter. El procura despertarnos y convencernos a nosotros.

Pida exactamente lo que quiere

No sólo debemos ser persistentes en la oración; debemos ser enérgicos y específicos. En Marcos 10:46-52, tenemos la historia del ciego Bartimeo. Jesús salía de Jericó cuando el ciego Bartimeo oyó que Jesús se acercaba. Bartimeo gritó a todo pulmón: "¡Jesús, Hijo de David, ten misericordia de mí!" Todos los que estaban cerca trataron de que se callara. ¡Estaba perturbando la solemnidad de la ocasión! Pero Bartimeo "clamaba mucho más". No sólo no se calló, sino que gritaba más fuerte y más a menudo: "¡Hijo de David, ten misericordia de mí!" Finalmente Jesús mandó llamarle y le preguntó: "¿Qué quieres que te haga?"

Jesús se agrada cuando somos persistentes y nos negamos a dejarlo ir, aun cuando no recibamos una respuesta inmediata. El quiere que insistamos y sigamos orando. Y quiere que seamos específicos. Jesús sigue preguntando hoy: "¿Qué quieres que te haga?" Necesitamos orar específicamente, en detalle; no oraciones vagas y religiosas que realmente no le dicen a Dios lo que queremos. Tenemos que ser específicos para que Dios envíe respuestas específicas. No siempre sabemos todos los detalles, pero debemos orar tan específicamente como podamos.

Todo creyente debiera orar con intrepidez, esperando la respuesta de Dios para cada oración. Debemos seguir orando hasta que nuestras oraciones sean contestadas. Si abandonamos nuestras tradiciones y restricciones religiosas, podemos asirnos a Dios mediante la oración con determinación incesante. Si llegamos a convencernos totalmente de que Dios interviene en los asuntos de los hombres, entonces oraremos de esa forma. Y cuando oremos, veremos que Dios responde. Veremos la transformación a nuestro derredor. La oración se convertirá en una de las partes más emocionantes de nuestra vida. Comenzaremos a sacudir nuestro mundo. La sociedad sentirá el impacto. La gente alrededor cambiará. Nos convertiremos en poderosos guerreros de oración.

CAPITULO DOCE

Cómo hacer guerra

La guerra espiritual no es solamente una oración que se hace o un demonio que se reprende; es una forma de vida. En el capítulo anterior vimos cuán importante es la oración. Sin embargo, la Biblia dice en Santiago 5:16: "La oración eficaz del justo puede mucho." Dios relaciona el orar con la vida santa; nuestra manera de caminar. Todo lo que hacemos o favorece a las fuerzas de las tinieblas o las rechaza. Como dijimos ya, un diablo derrotado es eficiente únicamente en el grado en que la gente está pecando y viviendo egoístamente; exactamente en ese grado; ni más ni menos. El pecado provee una entrada para el diablo. Efesios 4:27 dice: "Ni deis lugar al diablo."

En Jeremías 5:1, Dios revela su corazón misericordioso y el poder de un hombre justo. Dios le dijo a Jeremías: "Recorred las calles de Jerusalén, y mirad ahora, e informaos; buscad en sus plazas a ver si halláis hombre, si hay alguno que haga justicia, que busque verdad; y yo la perdonaré." Dios estaba preparado para detener su juicio sobre una ciudad entera por un solo hombre justo.

Sodoma y Gomorra (Génesis 18:20-33), estuvieron en una situación semejante. Abraham suplicó a Dios que no destruyera esas ciudades, pidiendo que las perdonara si podía encontrar a cincuenta justos. Cuando Dios estuvo de acuerdo, Abraham lo intentó por cuarenta justos. Dios estuvo de acuerdo otra vez y Abraham intentó nuevamente por menos. Finalmente, Dios acordó perdonar a la ciudad si se podían encontrar a sólo diez personas justas. Dios no estaba negociando con Abraham, puesto que él ya sabía exactamente cuántos justos había allí. Fue un descubrimiento para Abraham ver cuán maravillosamente misericordioso era Dios. Este descubrimiento le reveló a Abraham y nos revela a nosotros la importancia de una persona justa.

El efecto en la sociedad

A lo largo de la historia han ocurrido acontecimientos documentados de avivamientos que han conmovido a países enteros. Tendemos a pensar en los avivamientos como una serie de reuniones, pero un avivamiento verdadero es cuando una población entera es afectada. Por ejemplo, en Gales, en la primera década del siglo veinte, más de 100.000 personas se convirtieron en un período de dos años. El clima moral cambió tanto que las tabernas quebraron y la policía quedó sin trabajo. Por lo menos el ochenta por ciento de los convertidos estaba todavía en la iglesia cinco años después.[1]

¿Por qué no ocurre esta clase de avivamiento espiritual en todas partes? ¿Suceden los avivamientos porque a Dios por casualidad le gusta una aldea en particular más que otras? La Biblia dice que Dios no hace acepción de personas (Hechos 10:34). El no prefiere a una persona sobre otra, ni a una aldea, ciudad o país sobre otro. Entonces, ¿por qué hay aldeas enteras que son salvas y otras no?

Esta es la pauta en el avivamiento: Dios en su sabiduría y soberanía toma la iniciativa para convencer de pecado; algunos responden a su manifestación. Pudieran ser sólo pocos. Cuando un porcentaje suficientemente grande del pueblo de Dios en esa localidad arregla sus cuentas con Dios y el uno con el otro, él ve que las condiciones allí son propicias para derramar sus bendiciones. Entonces el avivamiento se propaga fuera de la iglesia a los perdidos. El diablo es obligado a retroceder mediante el poder

---

[1]Pratney, *Winkie, Revival,* Whitaker House, Springdale, Pa., 1983.

de la justicia, y el Espíritu de Dios desciende, trayendo convicción a todos los que están cerca. El corazón y la mente de la gente se abre al evangelio. Algunos se salvan sin que nadie les predique.

Esto ha sucedido innumerables veces en la historia. Este es el avivamiento traído por el poder de la vida santa.

Arrepentimiento como guerra

Jesús dijo que éramos "la sal de la tierra" y "la luz del mundo". También nos advirtió que la sal puede perder su sabor, y que la luz puede ser escondida bajo un almud. Podemos ser eficientes o ineficientes. Nuestra luz puede ser un faro para el mundo, o puede esconderse. Como sal, nuestra vida santa puede cambiar el sabor del mundo, o podemos pasar inadvertidos y no hacer ninguna diferencia. Por ejemplo, si oramos por alguien que lucha con un pecado que también está presente y desenfrenado en nuestra propia vida, nuestras oraciones serán impotentes. Pero cuando nos arrepentimos y oramos, rompemos la atadura del enemigo sobre la gente, preparamos el terreno para el avivamiento, y ayudamos a establecer el reino de Dios.

Fue durante la Copa Mundial de Fútbol en la Argentina que aprendí el poder del arrepentimiento como parte de la lucha espiritual. John Dawson, Wick Nease y yo éramos los líderes de más de doscientos obreros en Córdoba; parte de un esfuerzo evangelístico a nivel nacional durante el campeonato de fútbol. Pero aunque teníamos doscientos evangelistas en las calles de esa ciudad de descendientes de alemanes e italianos, no estábamos haciendo mella espiritualmente. Todos los días salíamos con literatura, a predicar y a testificar en las calles. Pero no pasaba nada.

John, Wick y yo nos pusimos a orar. Mientras lo hacíamos, Dios nos mostró que enfrentábamos una fortaleza de orgullo. El Espíritu Santo igualmente comenzó a señalar orgullo en el corazón de cada uno de nosotros. Cuando los tres nos humillamos uno ante el otro, confesamos aspectos particulares de orgullo, y pedimos a Dios que nos limpiara, percibimos que ésta era la razón por la que no éramos eficientes en las calles de Córdoba.

Entonces los tres visitamos a los doscientos obreros y nos humillamos ante ellos. Después que ellos respondieron, el Señor nos mostró su estrategia para Córdoba: Debíamos salir en grupos de treinta a todas las bocacalles y bulevares principales. En toda esa ciudad orgullosa, frente a los elegantes cafés y tiendas y en el distrito comercial, nos arrodillamos en obediencia a Dios y le pedimos que nos perdonara. Nos humillamos por nuestros propios pecados y por los de la ciudad.

No hay nada mágico en arrodillarse en la esquina de una calle . . . a menos que Dios lo mande a hacer. Nos sentíamos ridículos, pero obedecimos. E inmediatamente, vimos el cambio. La gente de Córdoba se ablandó a nuestro mensaje, ansiosa del evangelio. En las próximas semanas, la gente se nos acercaba, preguntando cómo ser salvos. Hacían fila para recibir nuestra literatura; algunos hasta querían que les autografiáramos los tratados.

El arrepentimiento es un arma importantísima contra Satanás. Es sencillo: Si yo me arrepiento, rompo los poderes de las tinieblas. Pero si soy desobediente, permito que obre el enemigo. Si obedezco a Dios, mantengo al diablo a raya. Si me muevo en incredulidad, le abro camino. Pero si ejerzo la fe, lo atajo.

Reclamando territorio físicamente

Algo sucede cuando vamos a un lugar y tomamos territorio para Dios. No hay nada particularmente espiritual con viajar, subirse a un avión o ir de vacaciones. Pero cuando vamos en obediencia, llenos del Espíritu Santo y caminando en justicia, producimos un efecto. Caminar por una parte perversa de la ciudad o bajarse de un avión en una nación espiritualmente entenebrecida puede ser un acto de guerra.

En Josué 6:1-20, Josué y los hijos de Israel marcharon alrededor de Jericó por siete días, una vez cada día por seis días y siete veces el séptimo día. Conociendo la naturaleza humana, a media semana algunos probablemente estaban quejándose y preguntándose por qué Dios mismo no derribaba el muro. Desde luego, que él no los necesitaba dando vueltas bajo el sol candente para hacer su obra. Pero ellos obedecieron, día tras día, dando un paso y después el otro. Después de siete días de obediencia, el muro se derrumbó. ¿Cayó realmente el muro porque los hijos de Israel lo rodearon?

Dios pudo haber derribado ese muro en cualquier tiempo, pero él tenía planes mayores. Israel ganaría más que una batalla ese séptimo día. Mediante la obediencia y la misma presencia del pueblo de Dios, Israel hizo retroceder a las potestades de las tinieblas en el mundo invisible. Dios les mostró la importancia de ir exactamente donde él decía que fueran, y hacer exactamente lo que él quería que hicieran. Antes que cayera el muro de Jericó, hubo victoria en la dimensión espiritual.

El hombre no es un espectador pasivo en la guerra entre la luz y las tinieblas. Dios nos ha delegado responsabilidad y autoridad. Si vamos a marchar o a predicar, Dios se manifestará. Dios derribó el muro de Jericó, pero sólo después que su pueblo marchó.

Satanás, como aprendimos ya, despliega sus fuerzas geográficamente. Podemos tener un efecto mayor sobre los principados de una localidad estando en ese lugar que si estuviéramos en otro. Por eso es que las misiones son tan importantes y la razón por la que Dios llama a su pueblo a ir, aun por un término corto.

A lo largo de los años he llevado a varios voluntarios a diferentes naciones en misiones de corto tiempo. Estos equipos consisten en creyentes comunes que quieren la oportunidad de hacer una diferencia en el mundo. Sin embargo, algunos han criticado el gasto de estos viajes y han dudado de su valor. De manera que he ido a Dios muchas veces para examinar la validez de este tipo de ministerio.

Lo que creo que el Señor me ha mostrado es que, cuando personas se juntan con otros creyentes lejos de sus hogares, algo sucede en el mundo invisible. Cuando vienen sirviendo y amándose uno al otro, predicando el evangelio, cantando, adorando, alabando y marchando, las potestades de las tinieblas en esa localidad sufren una tremenda derrota. No es sólo viajar, sino ir en obediencia a Dios lo que afecta grandemente a los poderes de las tinieblas.

Orando en la localidad

Dios está inspirando a su iglesia más y más a orar en la localidad como una estrategia de guerra. Muchos hacen paseos de oración, yendo de arriba a abajo por las calles de su ciudad, deteniéndose, según la dirección de Dios en sitios significativos donde se adoptan decisiones importantes. Otros han recibido entendimiento respecto a "regiones altas" en el mundo espiritual. A veces, como en los tiempos del Antiguo Testamento, éstos son literalmente los lugares más altos de la ciudad; otras veces no están en lo "alto", pero son lugares donde parece haber concentraciones de maldad.

Debemos tener cuidado de obtener nuestra estrategia de Dios en cada situación y lugar, en vez de caer en tradiciones. A veces es correcto atacar las fortalezas primero; otras, se necesita dar pasitos de obediencia primero. En el Antiguo Testamento, Dios condujo a su pueblo a confrontaciones abiertas con el mal, como en el monte Carmelo en 1 Reyes 18. Pero en otros casos, él dijo que echaría al enemigo poco a poco (Exodo 23:29, 30).

Donde el pecado y las prácticas pasadas han dejado un residuo de maldad, pudiera ser necesaria la purificación espiritual de un área o de un edificio. La idea de una casa encantada no es fantasía. Muchas veces es necesario echar fuera los malos espíritus de un lugar en el nombre de Jesucristo.

Una vez, un equipo de JUCUM en Chiang Mai, Tailandia, obtuvo una casa que era una ganga fabulosa, porque los nativos creían que estaba encantada. En realidad tenía un espíritu, pero los JUCUMeños lo echaron fuera en el nombre de Jesús, y disfrutaron de la casa por varios años.

En muchas partes del mundo, en el pasado, la tierra misma ha sido adorada, la han maldecido, y han invocado a espíritus en ella. Esto ha producido fortalezas de maldad. También, muchas fortalezas se forman por la concentración actual de pecado en una región geográfica. Dios ha llevado a algunos creyentes a redimir regiones particulares mediante la oración.

Debemos recordar la importancia de buscar a Dios y de dejarnos dirigir por él en dichas actividades. No toda porción de bienes raíces necesita ser limpiada. No debiéramos formar todo un planteamiento teológico en torno a rocas y árboles, olvidando que Cristo quiere salvar a la gente. Rompemos ataduras sobre un territorio únicamente según se relacione con la gente, impidiendo las influencias negativas sobre los individuos en esa región. Al grado en que nos convirtamos en centinelas de nuestras ciudades, naciones o instituciones, podemos a diario romper la influencia del mal en la sociedad:

De mañana destruiré a todos los impíos de la tierra, para exterminar de la ciudad de Jehová a todos los que hagan iniquidad (Salmo 101:8).

Predicar es hacer guerra

La predicación no se puede separar de la guerra espiritual. Una manera segura de deshacerse de las tinieblas es encendiendo la luz. La predicación del evangelio coloca la luz en medio de la oscuridad. Si la iglesia ha sido llamada a algo, es a predicar el evangelio. Necesitamos abrazar todo estilo y todo método. Necesitamos hacer, en verdad y en amor a Jesucristo, cualquier presentación del evangelio que se pueda, no importa cuán innovadora o antigua sea. Algunos rechazan ciertos métodos de evangelización como por ejemplo un evangelista joven con un peinado estilo *punk*, y una banda de *rock and roll*, o un hombre con un megáfono en la esquina de una calle. Pero si un método alcanza a una persona que oirá únicamente debido a él, debemos usarlo. Desde luego, debiéramos considerar si lo que hacemos ayuda u obstaculiza nuestra predicación; pero no debiéramos despreciar ningún método. El diablo hará todo lo que pueda para procurar persuadirnos de no comunicar el evangelio, porque él sabe que la predicación del evangelio aleja a los poderes de las tinieblas.

Reaccionar correctamente es hacer guerra

Otra manera en que hacemos guerra espiritual es mediante las reacciones correctas. Algunas cosas terribles les suceden a buenos creyentes. Como dice la Biblia: "Muchas son las aflicciones del justo, pero de todas ellas le librará Jehová" (Salmo 34:19). La adversidad es parte de la vida en un mundo caído y nadie queda exento de ella. El libro de Job es un cuadro de las calamidades en la vida de un hombre fiel. Pero la historia de Job nos enseña que podemos obtener la victoria sobre el diablo si reaccionamos correctamente. Job lo perdió todo y sufrió todo ataque posible, tanto espiritual como físicamente. Sin embargo, Job derrotó al diablo. Los ataques del enemigo no dieron resultados. En medio de todo su sufrimiento y confusión, aunque no entendía, Job pudo decir con confianza: "Yo sé que mi Redentor vive."

En cualquier calamidad, no importa qué grande o pequeña sea, tenemos que reconocer que no lo sabemos todo. No sabemos por qué nos suceden las cosas. Pero sin importar lo que acontezca, debiéramos poder decir que lo que haga Dios está bien (1 Tesalonicenses 5:18; Proverbios 3:5, 6). Satanás procura demostrarnos que Dios nos falla cuando las circunstancias son menos que ideales y hasta dolorosas. Podemos reaccionar con dolor y amargura hacia Dios, o con absoluta confianza en su carácter. Nuestras circunstancias no cambian el maravilloso carácter de Dios. Nunca debiéramos reclamar a Dios insensatamente o pecar con nuestros labios. Nunca debiéramos acusarlo, criticarlo, culparlo o insultar su carácter. Si lo hacemos, le entregamos una gran victoria a Satanás.

La adversidad es una oportunidad única para que el creyente reaccione correctamente, dé gloria a Dios, defienda su carácter y derrote al diablo. Somos llamados a la guerra espiritual, no a una vida protegida, de comodidades y sin dolor. Nuestro solaz viene de saber quién es Dios. Somos llamados a ser vencedores, gente que no elude una situación. Somos llamados a establecer el reino de Dios y a resistir las potestades de las tinieblas. Dios podría sacarnos del planeta tan pronto fuésemos salvos, pero él elige dejarnos aquí para que nos convirtamos en guerreros espirituales. Tenemos que vivir a través del sufrimiento reaccionando correctamente. Debemos apretar los dientes y perseverar en la adversidad con rectitud para derrotar al enemigo en su ataque.

Liberando a los cautivos

La guerra espiritual, ciertamente incluye a veces la confrontación directa con individuos endemoniados. Cuando Jesús dijo de ir por todo el mundo y predicar el evangelio, también dijo que en su nombre echaríamos fuera demonios.

La gente desarrolla ataduras en su vida y necesita ser liberada. Tenemos la autoridad y debiéramos hacerlo cuando sea necesario. Esto no quiere decir que debamos suponer que todo problema humano es un demonio. Sólo tenemos que preguntarle a Dios si hay una atadura sobrenatural en una situación dada.

A veces es una combinación de factores sobrenaturales y naturales. Una persona pudiera tener heridas profundas que han dado entrada a los poderes demoníacos. En tal caso, además de echar fuera a los espíritus malos, las heridas necesitan ser sanadas en el nombre de Jesucristo. O, en otros casos, el problema básico es la voluntad de la persona. ¿Quiere ella realmente ser libre? ¿Está dispuesta a arrepentirse, perdonar a otros, declararse contra el pecado y comprometerse con la verdad?

La liberación debe estar siempre unida al arrepentimiento y a la sanidad. Los demonios son como las moscas; pululan donde hay heridas y corrupción. Podemos seguir ahuyentando las moscas, o podemos arrepentirnos de la corrupción y sanar las heridas. Para permanecer libre después, la persona recién liberada necesita ser edificada por medio de la Palabra de Dios. Esto le dará fuerza para resistir más ataques y caminar en victoria.

Algunos piensan que la guerra espiritual es sólo liberación. Otros hacen énfasis en derribar fortalezas en lugares celestes. Otros dicen que la guerra espiritual es hacer las obras de Cristo: predicar, enseñar y vivir la verdad. Aún otro grupo afirma que todo esto es impráctico. Dicen que nuestro enfoque debe ser alimentar al hambriento, resistir el racismo y protestar contra la injusticia social. Yo creo que tenemos que hacer todas esas cosas.

Derribar fortalezas es importante sólo cuando la gente es llevada a Cristo como resultado. Con todo, algunos están sordos a la predicación del evangelio hasta que enfrentamos los poderes que tratan de impedirla. Y algunos no pueden alcanzar la victoria hasta que se rompa la atadura en su vida. Tenemos que hacer todas estas cosas bajo la dirección de Dios.

Dios tenía diferentes estrategias para cada batalla en el Antiguo Testamento. Jesús nunca usó el mismo método dos veces para sanar a la gente. Manténgase fuera de la rutina, y haga cualquier cosa que el Espíritu Santo le indique para suplir las necesidades de la gente.

Guerra mediante el ayuno

El ayuno es un arma tremenda contra el enemigo. Isaías 58:6 dice: "¿No es más bien el ayuno que yo escogí, desatar las ligaduras de impiedad, soltar las cargas de opresión, y dejar ir libres a los quebrantados, y que rompáis todo yugo?"

En el primer capítulo de este libro, conté la manera en que Dios me dio los pasos para romper las fortalezas espirituales en

Papua Nueva Guinea. Esa revelación vino en un tiempo de ayuno y oración. Cuando fui a comenzar el ministerio de JUCUM en Sydney, Australia, fui llevado a los suburbios en la parte oriental de la ciudad que tenían muy poco testimonio cristiano. Durante treinta días, ayuné y caminé por las calles haciendo guerra espiritual. Hoy, hay varias iglesias prósperas allí. Pudiera ser que yo no fuese el único que orase por un cambio en esa parte de Sydney, pero las fortalezas fueron derribadas ciertamente después de un período de ayuno y oración.

Antes de unirme a Juventud Con Una Misión en 1967, era pastor asistente del reverendo James Nicholson en el estado de Washington, EE.UU. Escuchamos juntos una cinta del exorcismo de una muchacha. Fue muy dramática, pero una cosa quedará siempre en mi memoria. Cuando un creyente en la grabación declaró que ayunarían y orarían hasta que ella fuese liberada, el demonio habló:

—¡No, no ayunen!

El creyente exigió: —¿Por qué no?

Y el demonio respondió: —*Nos debilita.*

No podemos usar las palabras de los demonios para formular doctrinas, pero tampoco debemos temer declararlas. La Biblia documenta el hecho que los demonios clamaron a Jesús que él era el Hijo de Dios. El ayuno es un medio eficaz de hacer guerra.

El dar como guerra espiritual

Quizás se pregunte qué tiene que ver el dar con la guerra espiritual. La Biblia dice en Malaquías 3:10, 11:

> *Traed todos los diezmos al alfolí y haya alimento en mi casa; y probadme ahora en esto, dice Jehová de los ejércitos, si no os abriré las ventanas de los cielos, y derramaré sobre vosotros bendición hasta que sobreabunde. Reprenderé también por vosotros al devorador, y no os destruirá el fruto de la tierra, ni vuestra vid en el campo será estéril, dice Jehová de los ejércitos.*

El diablo está involucrado en la economía ahora mismo. Y su participación irá en aumento. En el libro del Apocalipsis, aprendemos que cuando el diablo encarnado venga, el Anticristo tendrá control absoluto de la economía. El dirigirá a las potestades financieras por toda la tierra. La "marca de la bestia" (Apocalipsis 13:17) estará conectada con la compra y venta.

Satanás está interesado en las finanzas. El sabe que el egoísmo de los hombres es inflamado por el dinero. De acuerdo con la Biblia, el amor al dinero es la raíz de todos los males (1 Timoteo 6:10). Este amor al dinero afecta todos los aspectos de la existencia humana. La codicia está en el mismo fundamento de las estratagemas económicas de Satanás. Por lo tanto, el arma más poderosa contra ese fundamento es un corazón dadivoso. Cuando la gente da, frustra totalmente los intentos de Satanás de influir en ella hacia el egoísmo. Dar es contagioso y deshace la obra del diablo mucho más allá del acto de un solo dador. Con cada regalo viene un corazón agradecido, y con más corazones agradecidos viene una mayor disposición para dar. El dar inicia un ciclo que puede influir en muchos.

Dios no está preocupado por cuánto tiene usted, sino si eso domina su corazón. A él no le importa cuánto recibe, pero sí cuánto da. El punto decisivo es su corazón. Usted puede ser un billonario y Dios no estaría disgustado. El no quiere que su pueblo sea pobre. El quiere que tengan sus bienes en manos abiertas, que estén más dispuestos a dar que a recibir.

Todas las semanas, hay misioneros que tienen que dejar el campo de misiones por falta de finanzas, mientras algunas iglesias y ministerios gastan millones irresponsablemente. Pero nunca debiéramos usar la irresponsabilidad de algunos obreros cristianos como excusa para no dar a otros. Dar en obediencia a Dios es hacer guerra espiritual bíblica que derrota las potestades de las tinieblas.

La unidad como guerra

La unidad es un medio poderoso para hacer guerra espiritual, y es uno de los factores mayores en el reino invisible. Jesús dijo: "Si dos de vosotros se pusieren de acuerdo en la tierra acerca de cualquiera cosa que pidieren, les será hecho" (Mateo 18:19). Sin embargo, no se refería a algo que afectara la disposición de Dios de responder; nos está mostrando algo que hace retroceder a los poderes de la oscuridad. El diablo detesta la unidad. Esto debiera ser obvio por la cantidad de divisiones y traiciones que constantemente siembra entre el pueblo de Dios.

Cuando peleamos y tomamos cualquier parte en romper una relación, sea en un matrimonio, una iglesia o entre miembros del cuerpo de Cristo, damos gran ventaja al diablo. El lobo siempre separará a las ovejas para devorarlas. Tenemos que negarnos a participar en cualquier división. Debemos humillarnos, arreglar las cuentas, perdonar a la gente, andar la segunda milla y ser tolerantes. Si nos esforzamos por lograr la unidad, ésta mantendrá la puerta cerrada al enemigo.

En su oración sacerdotal en Juan 17, Jesús oró para que fuésemos uno. El conocía la importancia crítica de la unidad en la guerra espiritual, y le pidió al Padre que nos guardara del mal en el versículo 15. Yo creo que nos exponemos a muchos ataques del maligno, a enfermedades y hasta la muerte, si andamos en desunión.

No obstante, si nos unimos en solidaridad, honrándonos y estimándonos los unos a los otros, seremos invencibles. Hay una multiplicación y una expansión de poder. "¿Cómo podría perseguir uno a mil, y dos hacer huir a diez mil?", pudiera ser una indicación del efecto que tiene la unidad en los cielos (Deuteronomio 32:30).

El arma de las señales y los milagros

Cuando enfrentamos fuerzas demoníacas, estamos en un terreno sobrenatural. Por lo tanto, debiéramos buscar las manifestaciones sobrenaturales del Espíritu Santo de Dios en el centro de nuestra vida; particularmente los dones del Espíritu revelados en 1 Corintios 12. En Juan 7, Jesús habló del Espíritu Santo como una fuerza que fluye como ríos de nuestro interior. Jesús no dio indicación alguna de que esta clase de poder tuviera que ser rara, dada solamente a algunos y escasos héroes espirituales aquí y allá. Era parte de la capacitación de todo creyente para la guerra. Por eso Efesios 6:18 nos amonesta a orar en el Espíritu, porque afecta las fuerzas de las tinieblas. Toda oración tiene un factor de guerra espiritual, a medida que el Espíritu Santo fluye en nosotros, haciendo retroceder a las potestades de las tinieblas.

Recuerdo una ocasión en que testificábamos en las playas de Sydney, Australia. Nuestro adversario tenía doce años de edad. Esta jovencita, hecha en la calle, era la líder obvia de varios otros chicos que rondaban con ella. Todos los días que llegábamos a la Playa Maroubra para testificar, ella nos seguía, gritando obscenidades, interrumpiendo nuestras conversaciones con: "No escuchen a estos tipos. ¡Están llenos de__________!"

Después de varios días de esto, oramos por ella específicamente. La siguiente vez que llegamos a la playa, la vimos, apoyada en una baranda, fumando. Ella se acercó mientras nos aprestábamos para orar, arrojando su usual y demoníacamente inspirado ridículo. Pero esta vez, Iain MacRobert la detuvo en secó: "¿Sabes cuál es tu problema? Cuando tenías tres años esto te pasó . . . . "

Iain dio varios detalles de su vida cuando ella tenía tres años, seis años, y así sucesivamente . . . cosas específicas, incluyendo problemas familiares y abuso sexual. Ella quedó boquiabierta y comenzó a llorar. "¿Cómo sabe esas cosas?", exigió ella. Ese día ella y varios otros vinieron al Señor. El poder demoníaco fue derrotado con el uso de uno de los dones del Espíritu Santo: la palabra de conocimiento.

No debiéramos titubear en buscar las maravillosas y poderosas manifestaciones del Espíritu Santo. Ellas nos pueden ayudar en nuestra guerra espiritual y hacer retroceder a los poderes de las tinieblas.

Servir es hacer guerra

Una manera sorprendente de hacer guerra espiritual es mediante el servicio con amor. La naturaleza del diablo es hurtar, matar y destruir (Juan 10:10). Si venimos y satisfacemos las necesidades de los que han perdido bienes, salud u hogares por la guerra, los desastres y otras tragedias, estaremos destruyendo las obras del enemigo. Servir a la gente en formas prácticas no es sólo un aspecto social del evangelio; es un mandamiento de Dios y es guerra espiritual directa. El servicio con amor echa fuera a los destructores espirituales que procuran traer desesperación y finalmente la muerte.

El enemigo tiene estrategias para la destrucción y la logra con miles de personas todos los días. La iglesia, como representante de Dios en la tierra, puede reducir notablemente las obras del enemigo, supliendo las necesidades básicas de la humanidad. Debemos alimentar al hambriento, albergar a los que no tienen hogar, visitar a los refugiados y socorrer a las víctimas de desastres naturales. Esto es hacer guerra eficaz contra el enemigo, que siempre procura sacar ventaja de la adversidad.

Actos de fe basados en el rëma

Otro método más para hacer guerra espiritual es mediante actos de fe. La fe no es una presión emocional que reunimos con la esperanza de que Dios otorgue nuestros deseos. Fe es creer en quién es Dios y en lo que ha dicho. La fe está basada en el *rëma*, o palabra viva y específica de Dios para nosotros en un tiempo en particular, y en el carácter de Dios según lo revela el *logos*, o Palabra escrita de Dios.

Hebreos 12:2 dice que Jesús es el autor y consumador de nuestra fe. Cualquier cosa que Dios comienza, la terminará. Cuando Dios dice que algo sucederá, sucederá. Sin embargo, nosotros tenemos que dar todavía los pasos de la fe, actos de obediencia de lo que él nos dice, para echar atrás a los poderes de las tinieblas.

Yo vivo en Kona, Hawai, cerca de la Universidad de las Naciones de JUCUM. Esta es una hermosa propiedad que domina el Pacífico. La compra fue una historia de guerra espiritual que requirió muchos pasos de fe. Algunos parecían no tener sentido en lo natural:

- Dios les dijo a los JUCUMeños que se obsequiaran unos a los otros apreciados artículos personales para romper el espíritu de codicia entre los que luchaban por comprar la propiedad.

- Obreros de la misión fueron llevados a acampar afuera toda la noche, turnándose para dormir con sus familias en el suelo, mientras otros hicieron vigilias de alabanza, recordándose a sí mismos que el Señor había sido siempre el único que había suministrado el techo sobre sus cabezas.

- Loren Cunningham, el líder, tuvo que hacer ciertas declaraciones al juez durante el auto de sindicatura; declaraciones que Dios le dijo a Loren que dijera, pero que parecían ridículas en lo natural.

Pasaron tres años. Finalmente, cuando el abogado vino para finiquitar el acuerdo, dijo: "¡Bueno, el Dios de ustedes les ha dado la propiedad!" Había sido Dios, pero también actos específicos de fe obediente de parte de los JUCUMeños.

En 1 Juan 5:4 aprendemos sobre el poder de la fe: "Esta es la victoria que ha vencido al mundo, nuestra fe." Tenemos que ser un pueblo completamente dependiente de Dios, que busca su Palabra, y espera que él traiga revelación, el *rëma*. Necesitamos oír a Dios y dar los pasos de la fe. Al hacerlo, derrotaremos las potestades de las tinieblas que prosperan con la ignorancia y la incredulidad.

Debemos estar en guardia para no retroceder a una zona de comodidad donde sólo mantenemos nuestras tradiciones religiosas. Podemos leer la Biblia, ir a la iglesia, orar y tener comunión, pero todavía no estar dispuestos a oír de Dios y dar los pasos de la fe. En la zona de comodidad, lentamente dejamos de tener la convicción de quién es Dios y de lo que él ha dicho. Sin la fe y nuestros pasos de fe, el mundo triunfará sobre nosotros, en vez de nosotros sobre él.

Todo lo que hacemos, debiera basarse en la palabra *(rëma)* de Dios para nosotros, porque "la fe es por el oír, y el oír, por la palabra de Dios" (Romanos 10:17). Si hacemos esto, la cuerda de la fe se mantendrá tensa. Si tiramos fuerte con expectativas, mantendremos acorralado al enemigo. Una vez que hayamos recibido una Palabra del Señor, debemos continuar dando gracias a Dios por la respuesta, activos en nuestra confesión de fe. Como dice Colosenses 4:2: "Perseverad en la oración, velando en ella con acción de gracias."

Necesitamos vivir por fe. Sea que tengamos un millón de dólares o estemos en bancarrota, necesitamos vivir completamente dependientes de Dios. Un banquero neoyorquino puede vivir por fe tanto como un misionero en las selvas del Amazonas. Vivir por fe es dependencia de Dios, esperando, escuchando, oyendo, luego actuando. "No sólo de pan vivirá el hombre, sino de toda palabra que sale de la boca de Dios" (Mateo 4:4). ¿Estamos viviendo por la Palabra del Señor? ¿Estamos viviendo por fe? Si es así, entonces estamos haciendo retroceder a los poderes de las tinieblas.

Guerra mediante la alabanza

La Biblia dice mucho acerca de la alabanza que derrota y hace retroceder a los poderes de las tinieblas. La historia de Josafat enfrentándose a unos enemigos se cuenta en 2 Crónicas 20. En vez de soldados con espadas y lanzas, el rey envió contra ellos, "algunos que cantasen y alabasen a Jehová, vestidos de ornamentos sagrados, mientras salía la gente armada, y que dijesen: Glorificad a Jehová, porque su misericordia es para siempre. Y cuando comenzaron a entonar cantos de alabanza, Jehová puso contra los hijos de Amón, de Moab y del monte de Seir, las emboscadas de ellos mismos que venían contra Judá, y se mataron los unos a los otros" (2 Crónicas 20:21, 22). Cuando los guerreros alabadores elevaron sus voces a Dios, los ángeles enviados derrotaron a un enemigo de carne y hueso. Este fue derrotado porque los enemigos invisibles fueron dispersados por el poder de la alabanza.

La alabanza no es sólo una manera agradable de comenzar una reunión. No es un ejercicio para entusiasmarse, o algo para pasar el tiempo, o una tradición cristiana. La alabanza no es sólo una actividad, como cantar o levantar las manos. La alabanza sale del corazón y nunca debiera hacerse con indiferencia. La alabanza no tiene significado real si es algo que sólo hacemos mecánicamente. Pero la alabanza bíblica hace retroceder a los poderes de las tinieblas, da libertad a los ángeles de Dios para que luchen a nuestro favor, y trae la formidable presencia de Dios a cada situación.

El Salmo 149:5, 6 declara: "Regocíjense los santos por su gloria, y canten aun sobre sus camas. Exalten a Dios con sus gargantas, y espadas de dos filos en sus manos." Esta escritura describe exactamente el movimiento del Espíritu Santo en la iglesia y por medio de ella en años recientes. Un resurgimiento de la alabanza y la adoración, y la enseñanza de la Biblia, la espada de dos filos, ha caracterizado hoy a través del mundo a toda iglesia que está viva y que crece.

El problema es que hemos visto estas cosas como fines en sí mismas. Pensamos en la adoración y la enseñanza como la substancia de una vida cristiana madura y saludable. Vamos a la iglesia para adorar y recibir enseñanza, y vamos a los institutos, campamentos y retiros para adorar y recibir enseñanza. Pero la verdad de la Escritura que se desconoce con frecuencia es que la adoración y la enseñanza no son el fin. Son medios para alcanzarlo. Hacemos estas cosas para lograr algo mayor. De otra manera, estamos en peligro de perder nuestro enfoque y volvernos en servidores de nosotros mismos.

La razón por la que estamos comprometidos a la adoración y a la enseñanza no es para ser bendecidos y vivir en plenitud, sino "para ejecutar venganza entre las naciones, y castigo entre los pueblos; para aprisionar a sus reyes con grillos, y a sus nobles con cadenas de hierro; para ejecutar en ellos el juicio decretado" (Salmo 149:7-9). Mediante la adoración y la proclamación de la Palabra de Dios, ejecutamos el juicio de Dios sobre los reyes de las tinieblas, aprisionándolos con cadenas.

La adoración y la enseñanza de la Palabra son guerra espiritual, que derrota al enemigo y da libertad a las fuerzas de luz para que vengan al mundo a establecer el reino de Dios. La razón por la que existimos no es sólo para tener iglesias grandes y alegres. Debemos vivir y adorar, y proclamar la Palabra de Dios a las naciones y a los pueblos de la tierra. Esto hará retroceder a los poderes de las tinieblas e implementará toda intención del corazón de Dios.

Oponiéndose al diablo verbalmente

Como mencionamos ya, otra manera de hacer guerra espiritual es reprendiendo directamente al enemigo. "Someteos, pues, a Dios; resistid al diablo, y huirá de vosotros" (Santiago 4:7). Debiéramos enfrentar al diablo agresivamente, como lo hizo Jesús en el desierto, oponiéndonos verbalmente a él y usando la Palabra de Dios para contrarrestar sus ataques. Jesús nos dijo que atásemos al hombre fuerte y entonces saqueásemos sus bienes (Mateo 12:29). El "hombre fuerte" es simplemente la influencia demoníaca que predomina en cualquier situación, y hemos de eliminar esa influencia. Pudiera significar la diferencia entre la vida y la muerte.

Hace varios años, Darlene Cunningham, esposa de Loren Cunningham, fundador de JUCUM, tuvo una experiencia que recalca la importancia de esto. Sucedió cuando vivían en el primer centro de JUCUM en Suiza. Darlene estaba parada sobre el concreto mojado del lavadero, sacando su ropa de la lavadora para meterla en la secadora, ambas de tamaño industrial. En Europa, la corriente para dichas máquinas es de 350 voltios.

Cuando una pieza cayó detrás de la secadora, Darlene intentó recogerla. Ella no sabía que esa mañana alguien le había quitado la tapa protectora para repararla. Cuando su mano tocó un cable expuesto, todo su cuerpo se convulsionó. Estaba inmovilizada, impotente mientras 350 voltios corrían a través de su cuerpo. "¡Dios, ayúdame! ¡Jesús, ayúdame!", gritó ella, pero todavía la corriente corría por su cuerpo.

Sabiendo que estaba a segundos de la muerte, Darlene oró otra vez. "Dios, ¿por qué no respondes?", clamó ella. "¿Por qué no me respondes?" Instantáneamente el Señor respondió: "Ata al diablo, Darlene." En el momento que ella habló fuerte contra Satanás, fue arrojada del cable eléctrico contra la pared opuesta.

Llevó varios días para que el ritmo del corazón de Darlene volviera a la normalidad, pero ella estaba bien. Hasta la herida de tres centímetros que el cable había quemado en la palma de su mano, finalmente sanó sin dejar cicatriz. Pero Darlene nunca olvidó la lección de ese día en el lavadero.

La última arma

Somos una generación de desertores. Abandonamos nuestras posiciones de liderazgo. Abandonamos a nuestro cónyuge. Abandonamos la iglesia. Nos sentimos lastimados y desalentados, y nos vamos. ¿No nos damos cuenta de que esto es parte de la guerra? "Porque os es necesaria la paciencia, para que habiendo hecho la voluntad de Dios, obtengáis la promesa" (Hebreos 10:36). Satanás vive con la constante esperanza de que el pueblo de Dios se dé por vencido; que sus circunstancias, las tareas puestas delante de ellos, y las adversidades diarias de la vida sean demasiado para soportar.

El triunfador será siempre el que no se dé por vencido. Si nosotros aguantamos hasta el final, el diablo no lo hará. Algunas veces, la única arma eficaz, y a menudo la última, es decir sencillamente: "¡Me moriré antes de abandonar esto!" O, para usar las palabras de la Escritura: "Y ellos le han vencido . . . menospreciaron sus vidas hasta la muerte" (Apocalipsis 12:11).

Esta arma se llama perseverancia y es la que finalmente convence al diablo que tiene que rendirse. Demasiados creyentes se rinden minutos antes de la victoria.

Contemplando las muchas maneras de hacer guerra espiritual, podemos darnos cuenta de que abarcan el mensaje entero de la Biblia y toda la vida cristiana. ¿No sería maravilloso si el cristianismo fuese simplemente Dios y nosotros en un universo perfecto? Nos podríamos sentar delante de él, dedicados a rectificar nuestras imperfecciones y a ser transformados diariamente a la imagen de Cristo. ¿No sería maravilloso si nunca tuviésemos que considerar el pecado, el diablo, la maldad en el mundo o la adversidad personal? No estamos lejos de llevar esta clase de vida. Es una promesa de Dios para el futuro de todo creyente. Será una realidad cuando lleguemos al cielo. Pero pretender que esto sea el cristianismo hoy, en esta vida, en este planeta, es un escapismo destructor. Vivimos en un mundo caído, y encaramos una maldad increíble, y un enemigo engañoso. Encontramos pruebas, tribulaciones, tentaciones y toda forma de adversidad. El mundo que nos rodea está perdido, hambriento y languidece bajo la tiranía. No podemos escapar o negar estas cosas.

Sin embargo, son temporales. La vida en esta tierra no es sino una instantánea de la eternidad; un diminuto compás de tiempo. No obstante, este relámpago de tiempo es el punto que enfoca Dios y su creación. Aunque corta, la batalla que se libra en la dimensión del hombre es fundamental para el futuro. La victoria no está en tela de juicio sino quién comparte en ella.

Nosotros somos los principales combatientes sobre quienes descansa el futuro. Esto no quiere decir que vamos a excluir a Dios. El es nuestro Creador, nuestro Señor y victorioso Salvador. El es nuestra fuerza y esperanza. El ha asegurado la conquista de las potestades de las tinieblas. No obstante, él ha escogido hacernos partícipes de esto. Nos ha delegado responsabilidades. Nos ha elegido como colaboradores en el establecimiento de su reino y la destrucción del reino de las tinieblas. Dios espera que su pueblo se levante y se asegure la victoria que él adquirió en la cruz. El desea que nos aferremos a la cruz orando en el nombre de Jesucristo, y que nos aseguremos esta victoria total a cada situación e instante de nuestra vida.

La guerra espiritual es una forma de vida. Es abrazar la verdad y vivir diariamente, conscientes del enemigo y comprometidos con Dios. Es saber que es una tarea que Dios nos ha encomendado. Si nosotros no hacemos retroceder a los poderes de las tinieblas, éstos no retrocederán. Si nosotros no reprendemos al enemigo, él no será reprendido. Si nosotros no reducimos la maldad en el mundo, ésta continuará aumentando.

La guerra espiritual no es un fragmento del cristianismo. Es el todo de la experiencia cristiana. Comprende todo lo que hacemos. Ser creyente es ser un guerrero espiritual. Ser un guerrero espiritual es caminar consecuente y victoriosamente por la vida, con Cristo a nuestro lado.